MANIFEST
for Kids!
FOUR STEPS TO BEING THE BEST YOU

第一次顯化就成真

零基礎入門 4 心法，學會讓好事發生的祕訣

ROXIE NAFOUSI

蘿希・納福斯 ——著　張家綺——譯

獻給舒拉亞、席耶娜、瑟琳娜、西羅斯、
羅薇娜、查克奇、蘇菲亞和亞當。
能當你們的阿姨,
看著你們成長並變得這麼出色,
真的是我的榮幸。
也謝謝你們當伍爾夫超讚的表兄弟姊妹,
我超愛你們!

目錄

豐盛推薦　　6
序言　越早駕馭顯化，夢想越快成真　　9

顯化入門心法 ❶

覺察 6 大情緒，駕馭吸引力法則

01	恐懼：學會面對害怕，找到安全感	19
02	憂慮：放下擔心，活在當下	29
03	內疚：犯錯不可怕，學會放過自己	44
04	尷尬：接受自己，不在意別人眼光	53
05	憤怒：善用能量，化怒氣為行動力	61
06	悲傷：擁抱低潮，找回內在快樂	71
07	懂得好好照顧自己	79

顯化入門心法 ❷

自信和內在信念，為顯化扎根

08	你是獨一無二的存在	90
09	同時接納別人的獨特	98
10	對自己說好話，發揮同情心	101
11	不為別人改變，勇敢做自己	108
12	讓自己開心，不被他人的言行左右	110
13	別忘了善待別人，展現善良	114
14	為自己完成的好事感到驕傲	117

顯化入門心法 ❸

感恩心態，讓你越活越豐盛

15	不如意時，只看生活中的美好	126
16	換個說法代替抱怨，把負面變正向	127
17	時常說「謝謝」，人際關係更要好	131
18	避免嫉妒，不再跟別人做比較	134
19	小心社群媒體，讓你越滑越沒自信	138

顯化入門心法 ❹

快速實現目標的 6 步驟

20	設定專屬自己的目標和時間	143
21	運用想像力，觀想成功畫面	146
22	拆解計畫，採取行動	149
23	相信自己一定做得到	151
24	保持正向，從嘗試中成長	152
25	參考勵志故事，帶來更多啟發	154

結語　開始顯化，讓好事值得發生　　　　　　　　156
附錄　「親子共學」，從小駕馭顯化的力量　　　　158

第一次顯化就成真
Manifest for Kids

豐盛推薦

「顯化有助我理解情緒，特別是關於克服恐懼的章節。讀完書後，我感覺很平靜，現在我喜歡使用我的工具箱，例如當我生氣時，會運用深呼吸這個小技巧。」

——伊森（Ethan），8歲

「每天寫顯化日記讓我檢視自己的一天，回顧我所做的所有正面事物，以及期待的事情。這讓我感到快樂與興奮。」

——賽琳娜（Selena），9歲

「我讀了《駕馭顯化的力量》套書，如今這套工具可以幫助我的孩子！我8歲的兒子在讀完本書後，能夠表達他的恐懼，並跟我聊起書中的方法如何幫他克服恐懼。」

——家長

「這本書讓我和我 9 歲的女兒有了更好互動的機會，一起談論我們的感受。」

——家長

「書中的呼吸練習真的很棒，我的 9 歲女兒開始運用這個技巧幫助自己。讀完這本書後，她在學校遇到困難時，她會告訴自己『我可以做到，不要緊張』。」

——家長

「顯化女王。」

——《富比士》（Forbes）

「蘿希巧妙地剖析如何運用心念力量改變你的日常生活，並打破了人們對顯化普遍的誤解。」

——Today.com

「2022 年版的《祕密》。」

——英國版《時尚》（Vogue）雜誌

「邁向更積極生活的路線圖。」

——《金融時報》（Financial Times）

「對想要駕馭自己生活的人來說，這是必讀指南。」
——英國版《魅力》（GLAMOUR）雜誌

「新起之秀的顯化大師。」
——《星期日泰晤士報・風格》（Sunday Times Style）

「一種現象級顯學。」
——《紅秀》（Grazia）雜誌

「實現理想生活的祕密武器。」
——《生活雜誌：愛爾蘭週日獨立報》（Life Magazine: The Sunday Independent）

「我經常向想要開始顯化的人推薦蘿希・納福斯的書，雖然像是老生常談，但內容真很棒……這套書包含了4個顯化基本功，從釐清願景到相信宇宙，將改變你思考實現個人目標和追求理想生活的方式。對於任何想在個人成長過程中，培養愛自己的顯化新手來說，這是必讀之書。」
——女性媒體 The Everygirl

序言
越早駕馭顯化，
夢想越快成真

哈囉，你好，謝謝你選了這本書，我很開心能和你一起踏上這段旅程！

我來自我介紹一下，我叫蘿希，我的工作是幫助大家變得更快樂、活出精采人生，而我的方法，就是教導世界各地的人學習「**顯化**」。

> 顯化指的就是運用大腦的力量，
> 積極去改變你的人生。
> **顯化也是實現夢想的意思。**

學會顯化,你就能夠:

1. 在生活中,感到更快樂
2. 成為最棒的自己
3. 克服生命中的難關
4. 設定目標,並快速實現

學習顯化,有點像是**發掘你所具備的超能力**。

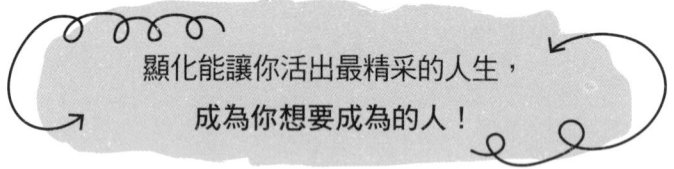

顯化能讓你活出最精采的人生,
成為你想要成為的人!

我也是因為顯化,人生才變得更美好。小時候,我常覺得自己格格不入,所以不太喜歡上學。我常被同學取笑或是落單,覺得很孤獨。我很沒自信,一直覺得自己不夠「酷」,也不知道該怎麼提升信心,於是很長一段時間都處於落寞的狀態。

可是在我 27 歲那年,我學到了**顯化**!顯化讓我鹹魚翻身,現在我 32 歲,有一個名叫伍爾夫的兒子,**超**

級滿意我的人生。我充滿自信，也過得很快樂，還有一份成功的工作，以及很多超棒的朋友。要是我告訴年輕時代的自己，我未來的人生會是如此美好，她絕對不會相信！

顯化成了我的超能力，現在我要傳授你顯化的技巧，讓顯化也成為你的超能力。

我會在這本書中一步步教你顯化初學者的必知課題。我打造了一套你可以照著進行的 **4 個顯化入門心法**，等你放下這本書，就掌握了所有資訊，可以成為**最棒的自己**。我真希望自己小時候能認識顯化，而我很開心你現在就學得到！

這本書共分成兩冊：

第一冊是關於顯化的 4 個入門心法，我會帶領你──探索我們的情緒、學習增進信心和內在信念、學習感恩的重要性，以及如何設定目標。另外也有你可以完成的一整套練習。

第二冊是 8 週顯化日記。只要每天睡前花幾分鐘

第一次顯化就成真
Manifest for Kids

就能輕鬆完成,讓你可以學以致用。

請特別為這本書準備一枝筆,需要的時候,隨時隨地都能做練習或寫日記。

好啦,那我們現在就開始吧!

> 你有沒有朋友也正在讀這本書?
> 如果有的話,要不要一起做練習?
> 或者彼此分享你們從書中學到的東西,
> 說一說你們最喜歡的部分。

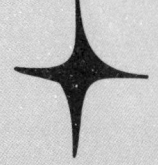

顯化入門心法 ❶

覺察 6 大情緒，駕馭吸引力法則

情緒,指的是我們在不同情境下產生的感受。例如,我們可能感覺快樂或悲傷,興奮或恐懼,憤怒或害怕。每一天都會產生各種不同的情緒,這都是正常的。

顯化的用意是**變得更快樂、成為最棒的自己**。認識自己的情緒,懂得面對情緒,並以健康的方式宣洩情緒,你就能愉快自信的度過每一天,也能更好的去處理困難或高壓的情境。

首先,有一件事很重要,那就是 —— 所有情緒都是合理的,**擁有任何情緒都很正常**,無論是興奮、悲傷、擔憂或快樂。

有時候,我們可能覺得內心有某種感受是「不對」的。例如,我們可能覺得自己不該生氣,或是不應該為了某件事難過,因此憋在心裡,勉強裝出「我沒事」的樣子。**但其實沒有哪種情緒是「不對」的**,因為我們是人,意思是說,每個人都會感受到各式各樣的情緒,也可以擁有情緒。

開心或興奮期待的時候,我們通常很容易表現出

來，可能和旁人分享、微笑，甚至大笑、開心到跳腳，或是馬上衝去做某件事。（你是否曾經在知道要去朋友家玩時，興奮到立刻衝去拿背包？）

我們往往很容易表現出我們覺得「正面」的情緒，可是如果我們覺得情緒「不對」，表現出來就比較難。舉個例子，難過的時候，我們可能會強忍住淚水；感到尷尬時，可能會很想跑走、躲起來。但這麼做有一個問題，那就是如果我們把情緒藏在心底，情況可能會惡化，讓我們更甩不掉負面感受。

要是不抒發情緒，情緒就會在心底累積，總有一天無法負荷，發現自己也越來越難快樂起來。

> 沒有人可以時時刻刻都感到開心，
> 人生本來有高有低，
> 有美好的時刻，也有難熬的時候，
> 這就是人生！

第一次顯化就成真
Manifest for Kids

你今天感受到哪些情緒?

寫下你記得的情緒:

身體反應，幫你理解自己的感受

你知道嗎？每次體驗到一種情緒時，受影響的不只有我們的頭腦，我們的身體也會有反應。事實上，早在大腦發現之前，我們的身體往往已經知道我們的感受。例如，你是否曾經覺得肚子怪怪的，卻說不上為什麼？或者注意到你滿臉通紅，無法控制自己？沒錯，這些都是擔憂或難為情等情緒降臨時，身體會出現的正常反應。

情緒所引發的身體變化，就叫作「身體反應或身體徵象」。**我們可以把身體反應當作一種提示，幫助我們理解自己的感受。**

我會在顯化入門心法❶，教你透過健康的方式紓解情緒，同時交給你一套工具，讓你每次情緒降臨，都有信心應對。

我會帶你克服的六種情緒，分別是：恐懼、憂慮、內疚、尷尬、憤怒、悲傷。

我會給你一張清單，列出每種情緒可能伴隨的身

體反應,外加一個情緒工具箱,每次感覺情緒上來時,都能拿出來應對。**你會發現有些工具出現的次數比較頻繁,這是因為這一類工具的效果超強,可以用來處理不同情緒。**

慢慢來,要學的東西太多了!
一天學習認識一種情緒,不失是種好方法。

01
恐懼：
學會面對害怕，找到安全感

每個人難免都會恐懼，即使是看起來天不怕地不怕的人！當我們感受到威脅或危險，會自然而然產生害怕的反應。恐懼所形成的身體反應，其實是大腦在保護我們。

有的時候恐懼很好，要是真的遇到危險，恐懼感能讓我們保持安全，鼓勵我們小心謹慎。但大多時候，就算沒有真正的危險或威脅，我們還是會感到恐懼。譬如，晚上睡覺時，投射在牆壁上的陰影是否曾經讓你感到害怕？就算你早就知道那只是衣服掛在門後的影子。

讓我們感到害怕的事情很多，以下是其中幾個例子：

- 到遊樂園玩雲霄飛車

- 在黑暗中獨處
- 剛來到一所新學校
- 初次嘗試某樣事物
- 上台表演
- 參加重要的考試

曾經讓你感到恐懼的有哪些事情？

可以寫在下方的空格中：

恐懼時，身體進入「戰或逃」模式

害怕時，我們的身體會釋放一種荷爾蒙。荷爾蒙是一種人體產生的物質，會影響我們的行為或心情，讓我們進入「戰或逃」模式，意思是身體會帶我們進入備戰狀態，可能是正面迎戰危險，也可能是逃離威脅（即使算不上真正的威脅！），而這種荷爾蒙可能引起體內的變化。

我們可能會：

- 無法動彈，覺得身體完全動不了
- 感覺不舒服，或是肚子怪怪的
- 肌肉緊繃，手臂或雙腿可能僵硬疼痛
- 雙腿發抖，甚至全身顫抖
- 流汗，就算根本不熱或沒在運動
- 感覺忽冷忽熱
- 覺得喉嚨裡卡著東西

你害怕時，也有過前述的症狀嗎？把你記得的感受統統圈起來。要是不記得了也沒關係，下一次覺得害怕

時，可以試著留意一下自己身體的反應。

注意到體內出現這種變化時，我們可能會覺得難為情，尤其身旁正好有其他人的時候。但是我要提醒你，出現這些反應都非常正常。

不要「硬裝沒事」或置之不理你的感受，而是應該找人聊聊，或練習深呼吸讓自己冷靜下來，並且鼓勵自己面對恐懼，去克服它！你做得到的。

> 記住，每個人都有恐懼或害怕的時候。
> 想一下你心目中的偶像，
> 我敢向你保證，他們也有害怕的時候。

克服恐懼的 4 個工具

下列提供幾個讓你面對恐懼的工具。

1. 說出口：「因為……，所以感到害怕」

　　每種情緒的工具箱，使用的第一個步驟都是說出口。大聲說出自己的感受，這麼做的用意是**承認情緒。承認自我情緒，就等於接納情緒，同時不去批判自己的感受。**這麼一來，我們就感覺情緒在自我掌控之中，更能好好處理情緒。

　　你可以先對自己說出感受，不管是在內心默想，還是大聲說出來都行。譬如，你可以說：**因為……，所以我感到害怕。**然後清楚指出你害怕的事物。

　　接下來，你可以找一個朋友、老師、爸爸媽媽，或任何信任的大人，向他們傾訴你的感受。如果你願意，可以告訴他們你的想法，他們會安慰你，並且給你忠告，或是幫你找回安全感。

　　對人傾訴自己的感受，就會覺得有人能理解我們，至於聆聽的那一方，也能讓我們感覺到關懷。所以說出困擾的感受，反而會比較輕鬆。

　　要是我們從來不說出自己的感受，繼續把事情悶在

心裡，某天可能會受不了，感覺孤單無依，這樣一來，要克服自己遇到的問題就更不容易了。

2. 深呼吸練習，讓大腦冷靜

我前面提到，恐懼會讓我們的身體產生各種變化，可能是開始覺得肚子翻滾，或是全身發抖、發燙。

這些身體徵象出現時，想讓身體冷靜下來，我們就得對大腦發出訊號，告訴身體：你很安全，不是真的有危險。緩慢的深呼吸，就是向大腦發出訊號的一種方法。是不是很聰明？**只要慢慢呼吸，你就能讓大腦冷靜下來！**

快要被情緒淹沒時，我們可以運用很多練習法，來做到慢慢呼吸。我要教你一個很簡單的方法，那就是：

呼吸從 1 數到 4

1. 先坐下或平躺下來。
2. 把一隻手放在肚子上。
3. 從鼻子慢慢的吸氣 4 秒（用手指或在腦袋裡從 1

數到 4）。
4. 感受你的肚子隨著吸氣鼓起，好像膨脹的氣球。
5. 從嘴巴吐出氣 4 秒，感受肚子消氣。
6. 如此重複深呼吸幾分鐘，或是直到你平靜下來為止。

現在就來練習，看看你會有什麼感覺吧！

3. 說出肯定句，變得沒那麼害怕

肯定句，是我們在腦海中或大聲說出來的**正面說法**。

當你重複對自己說出正面的肯定句，就等於寄送訊息到大腦，有助於你感到更平靜、有自信，更能掌握情況。**你的腦袋就會變得更專注，你也不會那麼害怕了。**

第一次顯化就成真
Manifest for Kids

下次感到害怕時，試試看對自己重複說這幾句話：

- 我很勇敢
- 我沒有什麼好怕的
- 我很安全，被保護得好好的
- 恐懼感不能控制我
- 我可以掌握局面

現在就對自己重複說出這些肯定句。

即使在說的時候並不相信，但你越是常說，就越能開始相信這些話，所以不要間斷練習！

4. 鼓勵自己，開始變勇敢

我永遠忘不了，有一次我要在學校表演話劇，飾演英國經典文學《孤雛淚》（*Oliver Twist*）的奧立佛，上台前緊張的兩腳發軟。我很怕在觀眾面前忘詞，真的很不想上台，可是我知道自己非上台不可，否則老師會罵我，再說，我也不想讓自己失望，所以我就充當自己的啦啦隊，在腦中不斷告訴自己：「蘿希，你辦得到的！

沒問題的，勇敢去做就對了！」

這幾句話幫了我超大的忙，我瞬間信心百倍，一個不注意，我已經走上台，真的辦到了！太讚了！下台後我超級開心，下一次上台也不那麼怕了。現在我長大了，就算要上台面對成千上萬名觀眾，也完全不會怕。

你是否也有過類似經驗？是否害怕去做某件事，完成後卻發現其實根本沒有想像中的可怕？下一次就覺得簡單多了，也沒那麼可怕了。

我們在害怕的時候，腦袋有時會充斥各種想法，或是擔心可能發生的事。**但要是我們鼓勵自己，就會開始變勇敢**。這樣我們就能面對自己害怕的事物，最終戰勝恐懼，發現自己其實很勇敢！

如果你覺得在害怕的時候，想不出可以對自己說什麼肯定句，可以想像一下，要是今天換成是你的好麻吉感到害怕，你會對他說什麼，然後對自己說出這些話。**有時候，你只是需要告訴自己，勇敢去做！**

恐懼工具箱裡裝了哪些工具？

你還記得嗎？統統寫下來。

恐懼工具箱

1.
　………………………………………………………………
2.
　………………………………………………………………
3.
　………………………………………………………………
4.
　………………………………………………………………

02

憂慮：
放下擔心，活在當下

長大的過程中，你可能會發現自己有越來越多擔心的事。這是生活中很自然的一部分，有時我們可能會擔心家裡發生的事，或是擔心課業、即將到來的考試。要是聽見電視新聞講到好像很可怕的事，我們也可能擔心。

有時，我們會擔心未來可能發生的事，或是還沒發生的事。我偶爾也會這樣，可能擔心一些小事，像是遲到重要的會面。有時是擔心更嚴重的事，例如：生病，或是和朋友不合。

為了某件事擔心的時候，我們可能很難冷靜思考，而憂慮會變得過於龐大，感覺走到哪，憂慮就跟到哪。

第一次顯化就成真
Manifest for Kids

我們可能擔心的事情實在太多,以下是幾個例子:

- 得到作業或考試的結果
- 某個朋友是否對你不滿
- 在學校遭到排擠
- 遲到
- 帶錯課本或學用品

憂慮或許不容易應付,但是千萬記住,**憂慮只是一種感受**。意思就是,我們能控制憂慮,找到方法排解它,克服它,和擔心說掰掰!

你擔心的事情有哪些呢?

可以寫在下方的空格中:

憂慮時，身體可能出現的反應

開始擔心時，我們的身體可能會出現下列反應：

- 心跳加速
- 手心冒汗
- 感覺難受，或者肚子翻騰作怪
- 睡不著覺
- 焦躁不安，靜不下心

擔心某件事的時候，你是否也注意到自己有以上反應？把你記得的症狀統統圈起來！

克服憂慮的 6 個工具

下列提供幾個讓你面對憂慮的工具。

1. 說出口:「因為……,所以很擔心」

首先,記得一件事,那就是擔心是正常的,每個人都會擔心生活中的大小事。一開始先釐清你擔心的事情,然後對自己說:

> 因為……,所以我很擔心。

然後,**找個人說出你內心的憂慮!**有時,我們可能覺得,還是不要對別人說自己的擔憂比較好,或是可以自己解決,但是這樣只會讓我們更擔心。

記住:無論你遇到什麼事,都不需要自己一個人承擔!

找人訴說你的擔憂會很有幫助,以下是其中幾個原因:

1. 因為有人支持你,聽你說心事,所以你內心會**感到寬慰**。
2. 你傾訴的對象也可能經歷過類似狀況,聽別人說他們的類似經歷,你就**不那麼孤單**了。
3. 他們可能幫你找到**解決問題的方法**,或是給你有用的建議。

> 和別人訴說我的擔憂之後,
> 我每次都覺得鬆一口氣。
> 俗語說得好:「問題說出來,就解決了一半。」
> 這句話的意思是,只要你對別人說出自己的憂慮,
> 你的擔憂就能減輕。

2. 深呼吸,轉移注意力

擔心的時候,我們的大腦會充斥各種想法,可能會心不在焉、坐立難安、無法專注。這種時候,深呼吸練習可以**讓我們集中精神**,幫我們調解憂慮。當我們專心

呼吸,把注意力全放在吸氣和吐氣上,大腦就自然不會再去想我們擔心的事。

以下是另一種深呼吸練習,下次擔心的時候,可以試試看:

蛇式呼吸法
1. 背部打直,盤腿安穩坐在地面。
2. 慢慢從鼻子吸氣 3 秒鐘(在腦中數到 3,或是用手指數到 3)。
3. 屏住呼吸 2 秒鐘。
4. 稍微張開嘴脣,從嘴巴緩慢吐氣,發出猶如蛇的嘶嘶聲!
5. 重複動作幾分鐘,或者直到你覺得好多了為止。

現在就試試,看看你會有什麼感覺吧!

要是擔心未來可能發生的事,那麼專注於現在發生的事,會有非常大的幫助。呼吸練習之所以有效,是因為我們在吸氣、吐氣的時候,必須專心讀秒,所以根本沒有時間去擔心啦!

3. 切換頻道：把想法想像成電視

把你腦袋裡的想法想像成一台電視。有時我們會卡在一個反覆播放憂慮的頻道，只看見未來可能發生的壞事，要是繼續看下去，心情就會變得低落。可是你知道嗎？**其實你有能力選擇自己的想法。**

你可以**切換頻道**。

想像一下，你手上有遙控器，可以任意切換頻道。轉到新的頻道，你能看到歡樂和正面的好事，讓你心情大幅好轉。

現在我來用一個範例，說明一下要怎麼運用這個技巧。假設你正在擔心老師會罵你忘記帶運動用品，此刻你卡在「擔憂」頻道，電視播放著老師在全班面前責罵你的畫面。這時，你要想像自己拿起遙控器轉台。轉台之後，你看見自己帶著運動用品去上學，因為你沒忘記帶。或者你可能看見你對老師解釋情況，而老師也很溫柔，能夠體諒你，不怪你把東西忘在家裡。

所以下次開始擔心的時候，可以考慮轉台。**選擇想**

第一次顯化就成真
Manifest for Kids

像一個更好的結果,或是一切順利,都會有好的結果。運用大腦的能力,幫自己轉換心情吧!

4. 向你的憂慮下戰帖,提出質疑

我們擔憂的事情往往都不是真的,所以絕對不可以被牽著鼻子走,尤其是擔心未來可能發生的事,畢竟我們無法預知未來,再說我們擔心的事幾乎從來不會真的發生!

我們得勇敢面對並挑戰我們的憂慮,提出質疑。

以下是你擔心某件事時,可以向自己提出的問題:

- 我擔心的事絕對是真實的嗎?真的會發生嗎?
- 我之前擔心過相同的事嗎?後來怎麼樣了?
- 有沒有其他看待事情的方式?還是其他的解釋?
- 要是事情真的發生了,我可以怎麼改善?

例如,假設我的朋友沒有回我訊息,有時我會擔心他是不是不喜歡我了,這種時候,我就會挑戰我的憂

慮，以下是我的做法。

※ 我的憂慮：**朋友不再喜歡和我當朋友了。**

☹ 我擔心的事情絕對會發生？確定是真的嗎？

☺ 不，我不能確定，因為他從來沒有對我說過這樣的話。

☹ 我之前擔心過相同的事嗎？後來怎麼樣了？

☺ 有。某一天，我有個朋友對我冷淡，我很擔心他不想再和我當朋友，但其實他只是有點擔心考試，把心思全放在複習上而已。

☹ 有沒有其他看待事情的方式？還是其他的解釋？

☺ 他可能只是在忙，或是因為某件與我無關的事在不開心。

☹ 要是我的擔憂是真的，我應該如何改善狀況？

☺ 我可以找他聊聊，試著與他和好。

下一次擔心時，試著挑戰和質疑你的擔憂，回答這些問題。你可以重新拿出這本書，複習這幾道問題。多試幾次之後，你就能馬上想起問題，變得更擅長挑戰你內心的擔憂！

5. 找到解決方法，緩解緊繃

我們可以尋找解決方法，控制內心的憂慮。掌控內心的憂慮，我們就會比較不那麼緊繃，因為勝券在握，所以能夠從容應對。舉個例子，如果我們擔心自己忘記隔天上課要帶的東西，可以前一晚先放在大門旁，這樣就不怕忘記了。或者，要是某則電視新聞讓我們覺得擔心，可以請大人解釋情況，讓自己更了解事情。

我們也可以**模擬計畫，做好準備**，免得擔心的事真的發生，我常常用這個方法！例如，假設擔心重要的會面遲到，我會在前一天先規劃路線，妥當準備，這樣我就知道當天出門前要預留多少時間。

和別人聊天也很有用，因為對方可能有好點子，可以幫上我們。

什麼是壓力？

同時出現很多擔心的事，覺得背負沉重負擔，我們就會開始感到**壓力**。例如在考試前夕，或是家裡發生難熬的事，要不然就是覺得時間不夠用，無法完成所有事情的時候。

在壓力爆表的時刻，我們的身體會釋放「壓力荷爾蒙」，而壓力荷爾蒙會對我們造成以下影響：

- 覺得煩躁或脾氣暴躁
- 晚上睡不著覺
- 影響食物消化
- 想哭或多愁善感

偶爾感覺到壓力是正常的，每個人都有這種時候，所以找到應對方法很重要，這樣就不會每天被壓力壓得喘不過氣。壓力找上門的時候，可以運用我先前介紹過的工具，例如深呼吸練習、找人傾訴。但我在擔心到快要崩潰的時候，還有一樣我超愛使用的工具，那就是**憂慮日記**！

快前進下一步，認識我最愛用的解憂小工具，希望你也會愛上它！

6. 憂慮日記，壓力獲得紓解

壓力山大時，我們的腦袋會打結，一片混亂，讓我們更不容易把問題處理好。要是腦袋持續擔心，壓力就會越積越多，我們會開始感到緊繃，就像是一瓶不斷搖晃、快要爆炸的汽水。

如果寫下來，**我們就能更清楚看見自己的擔憂，並且釋放這種情緒**，壓力立即獲得紓解。

要是能更清楚的看見自己的憂慮或問題，我們就能輕易找到解決方法，或是挑戰憂慮。下方是憂慮日記的寫法：

1. 睡前，寫下你一整天擔心的事。想像你把所有憂慮全倒在紙上，睡前統統解放出來。

2. 看一下你擔心的事情有哪些，想想看有哪些可以解決，哪些可以提出質疑。

3. 完成以上步驟之後，深呼吸，大聲說出：「我要拋開我的憂慮。」對自己說這句話，你的心情就會平靜下來。

4. 闔上日記，收到一旁！

5. 想一想，你的擔憂是否有固定模式。

　　寫憂慮日記的一大好處，就是可以看出憂慮的固定模式，也就是反覆出現的狀況。回頭查看的時候，你可能會注意到，自己時常擔心同樣的事，或是每個星期的某一天特別容易擔心。**如果能找出諸如此類的固定模式，幫助就大了，因為這樣我們就能預先做好準備。**舉

個例子，如果每次上數學課的前一晚，你知道自己一定會擔心，那麼你就可以在這種焦慮情緒失控之前，運用憂慮工具箱裡的其中一項工具來調適。

如果找不到固定模式，可以請大人陪你看憂慮日記（前提是你願意讓別人看你的日記），這也是一種好方法──可以收進你的**憂慮工具箱**。

顯化入門心法 ❶
02. 憂慮：放下擔心，活在當下

擔心的時候，你可以使用哪六種工具？
統統寫下來。

憂慮工具箱

1. ....
2. ....
3. ....
4. ....
5. ....
6. ....

03

內疚：
犯錯不可怕，學會放過自己

為了自己做出的某件事感到懊悔，這種感受就叫內疚。內疚的感覺可能真的很難受，會覺得自己是一個壞人，因為做錯了事，就算只是不小心的，也很難甩掉這種感受。

當然，為自己的行為負責，從錯誤中記取教訓很重要，**但是你並不會因為做錯一件事就變成壞人！**

> 人偶爾會做出讓自己內疚的事，
> 而犯錯是正常的。

大約 6 歲那年,有一個同學教我一句話,是在姊姊下次惹我時,可以對她說出的一句話。我不是很懂那句話的意思,可是某個週末,姊姊不讓我玩她的玩具時,我脫口而出那句話,結果害姊姊大哭著跑走,我當下就知道我一定說了什麼過分的話,讓我非常自責,往後幾週心裡都覺得怪怪的,對自己懊惱又生氣。

我對自己做的事感到內疚,卻不知道該如何讓這種感受消失,真希望當時我也有內疚工具箱。

以下是可能讓你感到內疚的例子:

- 對人說謊
- 說出傷人的話
- 弄壞東西,即使不是故意
- 從冰箱中拿走別人想吃的冰淇淋

回想你覺得內疚的時候

可以寫在下方空格內:

第一次顯化就成真
Manifest for Kids

內疚時，身體會出現的反應

以下是內疚的時候，身體可能出現的幾種反應：

- 晚上睡不著覺
- 肚子覺得怪怪的
- 胸口覺得緊緊的
- 肌肉感覺痠痠的
- 疲勞
- 垂頭喪氣、無精打采

為了某件事感到內疚時，你是否注意到身體出現以上症狀？把你記得的統統圈起來！

克服內疚的 4 個工具

下列提供幾個讓你面對內疚的工具。

1. 說出口,就是彌補的第一步

承認自己的行為,就是彌補的第一步。

當你做了一件讓自己內疚的事情,先對自己說出來,或者寫在日記本中。例如,你可以說:

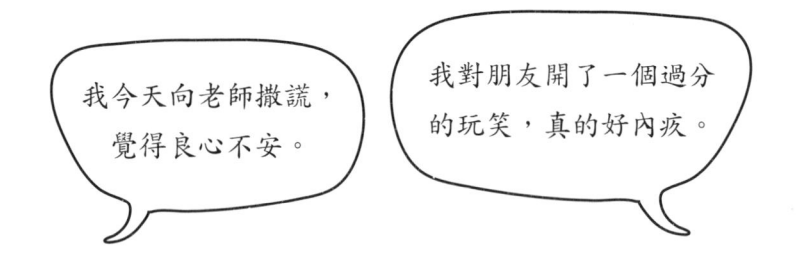

> 我今天向老師撒謊,覺得良心不安。

> 我對朋友開了一個過分的玩笑,真的好內疚。

接下來,就是找一個信賴的人傾訴。你可以找一個大人,告訴對方發生了什麼事,讓他們聽你說心事、給你意見,甚至只是提醒你 —— 不會有人因此不愛你。

有時候我們會擔心,要是告訴別人自己覺得內疚的事,可能會惹禍上身,這種時候,你開頭可以這麼說:

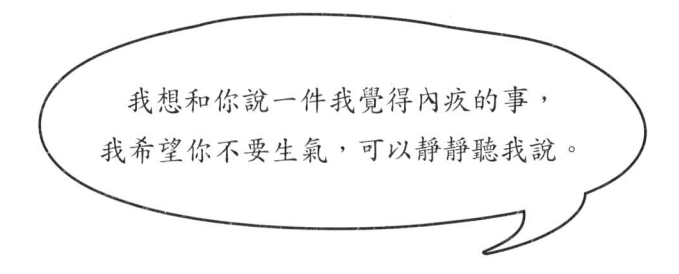

> 我想和你說一件我覺得內疚的事,
> 我希望你不要生氣,可以靜靜聽我說。

我知道承認自己做錯事並不容易,不過我向你保證,只要說出口,你就會覺得輕鬆許多。

2. 扛起責任,主動道歉

為個人行為負責很重要,而不是只把內疚的感受悶在心裡,努力忘掉。**負責的意思是承認自己的所作所為,並且向你所傷害的人道歉。**

當我們做出傷人的事情,主動道歉就能夠修復關係、彌補錯誤。例如,在我對姊姊說了過分的話之後,應該要主動去她房間,說:「我剛才說的話太傷人了,真的很對不起。我不是故意的,以後再也不會說這種話了。」如果當初我有這麼做,就不會內疚那麼久,姊姊心裡也不會那麼難過。

我知道這很難辦到，但負責並且道歉，是一種必須學習的技能，**很需要勇氣，也是勇敢的行為。**如果你勇於承認自己做錯某件事，大家不會批評你，反而會尊敬你呢！

> 面對面道歉，有時實在令人難以啟齒，所以也可換個方式，試著寫信。解釋事情發生的原因和來龍去脈，然後真心道歉，告訴對方今後你不會再犯。這是一種善意的舉動，能夠讓你和對方內心都會好過一點！

3. 從錯誤中學習

從自己的錯誤和經驗中學習，意思就是不重複犯同樣的錯，因為**我們會在學習的過程中成長，努力變成最優秀的自己！**

不過，有一件事我們必須了解，那就是我們為何會做出某個舉動。我們之所以懷有惡意，是因為不滿嗎？還是生氣？我們也要學習未來該怎麼改變。

下一次感到內疚時，問問自己以下問題，就能從經驗中學習：

- 為什麼會發生這種事？導火線是什麼？
- 我當下是因為其他事情感到不滿或生氣嗎？
- 我的舉動造成什麼結果？例如，我是否因此傷害到別人？
- 下一次我該怎麼做，才不會重蹈覆轍？

從錯誤中學習，意思就是要你運用經驗，讓未來的自己變得更好，所以你應該為自己感到驕傲才是。

4. 原諒自己

承認自己的所作所為，也已經道歉並從錯誤之中學習，接下來你就該**原諒自己**。善待自己，然後抬頭挺胸前進！記住，就算你做錯事，**還是好人！**

你還記得內疚工具箱裡有什麼嗎?
把答案全部寫下來。

內疚工具箱

1.
2.
3.
4.

04
尷尬：
接受自己，不在意別人眼光

有一次，我朝會遲到，全校師生已經安靜坐著，正在聽校長演講。就在我去找座位的時候，居然不小心在全校面前跌倒了！當時我真的好想挖一個洞鑽進去，實在太尷尬了！還有一次是在數學課時，有個男同學開我新髮型的玩笑，我尷尬到隔天都不想去上學。那時的我太需要尷尬工具箱了！

尷尬可能讓我們感到不自在又侷促不安，那種感覺一點也不好受，但我希望你記得，每個人都有說錯話或做蠢事的時候，每個人也會有這種感受。

以下是我們可能感到尷尬的情境：

- 上課時說錯答案

- 在別人面前跌倒
- 告訴別人你喜歡什麼,結果被笑「幼稚」
- 搞錯或忘記自己要說什麼

你是否想到自己覺得尷尬的時刻?

可以寫在下方的空格中:

尷尬時，身體會有的反應

感到尷尬時，我們的身體會直接出現反應。以下是尷尬時可能出現的幾種身體徵象：

- 滿臉通紅
- 說話支支吾吾
- 冒汗或身體發熱
- 雙手顫抖
- 心跳加速
- 哭泣
- 想要逃跑

你記得自己尷尬時，是否也出現以上反應嗎？把你記得的統統圈起來！

有時我們感到侷促不安，只是因為出現身體徵象。舉個例子，要是你的臉頰開始漲紅，可能會讓你覺得更加難為情。但千萬記得，以上都是感覺尷尬時，人體會自然產生的反應。

克服尷尬的 3 個工具

下列提供幾個讓你面對尷尬的工具。

1. 說出口：「因為……，所以覺得尷尬」

發生尷尬的事情時，我們可能會想裝作沒事發生，直接略過，但是我們的大腦可不是這樣想。大腦會儲存記憶，所以如果我們當下不好好解決尷尬的情緒，妥善處理它，日後就會再冒出這種感受！

所以和其他情緒一樣，說出口就是最好的第一步，對自己說：

> 因為……，所以我覺得尷尬。

或是睡前把感受寫在日記本裡：

> 今天發生了某某事，我覺得很尷尬。

發生尷尬的事，有時你可能不想談，可是一旦告訴別人，你的困擾就會減輕。對方可能會和你分享自己尷尬的經驗，你就不覺得那麼孤單了，因為你會發現不只有你，別人也發生過尷尬的事！又或者他們可能**陪你一笑置之**，這也是一種不再懊惱糾結的好方法！

> 如果有人讓你覺得尷尬，或是對你說出過分的話，
> 故意讓你不開心，請務必告訴老師或大人，
> 不要自己悶在心裡，要說出口，別人才幫得了你。

2. 深呼吸練習，不再難為情

發生了尷尬的事時，我們可能會滿臉通紅、想哭，或者可能想要逃跑，這種感覺令人難以招架。這種情況

下,深呼吸練習也能幫上忙哦!

遇到尷尬的情況,我喜歡做這種簡單的**深呼吸練習**:

花朵式深呼吸
1. 把一隻手放在肚子上。
2. 用鼻子吸氣。
3. 隨著肚皮鼓起,想像一朵花盛開的模樣。
4. 從嘴巴吐氣。
5. 隨著肚子消氣,想像花朵合起花瓣。
6. 重複這幾個步驟,直到你平靜下來。

下次覺得難為情時,試試看這個深呼吸練習吧!

3. 重複說出肯定句,善待自己

覺得尷尬的時候,肯定句也能幫上忙。

尷尬的情況下,我們會覺得局促不安,也可能覺得自己很蠢。**重複說出肯定句,**讓我們學習更善待自己,提醒我們,即使犯錯或耍笨,我們還是很有能力、有價

值、有人愛。

下次覺得尷尬時，試著對自己說出以下的肯定句：

- 我有價值，也有人愛
- 我有信心，也很勇敢
- 錯誤能幫助我學習成長
- 犯錯沒什麼大不了
- 我對自己感到很驕傲

第一次顯化就成真
Manifest for Kids

下次遇到尷尬的情況，
可以使用哪些工具，你還記得嗎？
把答案全都寫下來吧。

尷尬工具箱

1. ....
2. ....
3. ....

05
憤怒：
善用能量，化怒氣為行動力

包括大人在內，很多人都不知道應該如何處置生氣的情緒。要是沒有正確的工具箱，我們就可能陷入分外沮喪的境地，最後大吼大叫、甩門，甚至使用暴力。這麼做不僅是不對的，還會讓我們惹禍上身。

你也有過這種經驗嗎？ 我就有！可是現在我很開心，因為我有一個憤怒工具箱，而且已經迫不及待要和你分享。

以下是可能讓我們生氣的情況：

- 有人凶我們
- 有人要求我們去做我們辦不到的事
- 我們這一隊輸掉了運動比賽

- 有人當著我們的面吵架
- 覺得沒人願意聽我們說話
- 朋友或兄弟姊妹沒有經過詢問，擅自拿走我們的東西

寫下幾個令你火冒三丈的事情：

....

....

....

....

....

憤怒時，身體會出現的反應

生氣時，我們的身體會出現下列反應：

- 發熱
- 呼吸急促短淺
- 雙手握拳
- 心臟怦怦狂跳
- 手心冒汗

你是否也注意到，你生氣時會出現這些狀況？把你記得的統統圈起來。

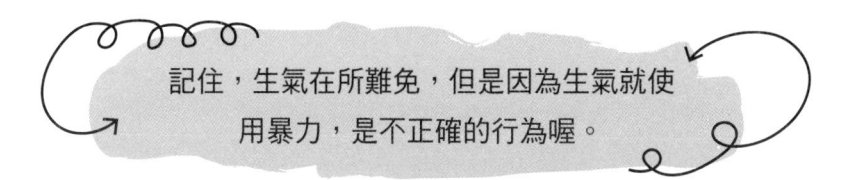

> 記住，生氣在所難免，但是因為生氣就使用暴力，是不正確的行為喔。

排解憤怒的 4 個工具

下列提供幾個讓你面對憤怒的工具。

1. 說出口：「因為……，所以生氣」

關於憤怒，最困難的就是該如何找到安全又健康的方式表達。我們常常想要大吼或尖叫，那是因為憤怒通常來自我們的沮喪或不滿。例如，有人做了傷害我們的事，又或者我們覺得某件事太困難，怎樣都做不好，我們就可能發怒。

事實上，對別人尖叫不會讓我們氣消，而只要說出口就可以！

所以，第一步就是確實說出感受，**承認**我們的情緒。記住，承認我們的情緒，意思是接受我們的感受，不要反抗情緒。對自己說：

> 因為……，所以我生氣了。

你說出口的答案能幫你想通，究竟是什麼讓你產生這種感受。你也可以試著寫在日記本裡。

然後，找一個人心平氣和的訴說你的感受。

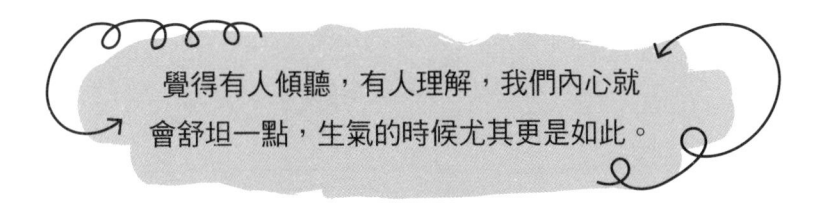

> 覺得有人傾聽，有人理解，我們內心就會舒坦一點，生氣的時候尤其更是如此。

2. 深呼吸，活用 3 種練習

想像一下，你可以用溫度計測量你的情緒感受，而在溫度計頂端沸騰的就是憤怒。要是你氣得冒煙，就很難冷靜思考，而且可能會感到挫折與憤怒。深呼吸練習有助於降溫，可以讓你冷靜下來，更好的去處理讓你怒氣沖沖的狀況。

我已經和你分享過三種深呼吸練習，現在我要你思考，你最喜歡的是哪一種，然後把它當作生氣時的深呼吸練習。

提示一下，這三種練習分別是：

呼吸從 1 數到 4

把手放在肚子上,慢慢吸氣數到 4,然後吐氣數到 4(見第 01 章節)。

蛇式深呼吸

用鼻子慢慢吸氣,嘴巴吐氣,發出嘶嘶聲(見第 02 章節)。

花朵式深呼吸

吸氣時,想像一朵花盛開綻放;吐氣時,想像花朵閉合(見第 04 章節)。

請圈出你想要使用的呼吸法!

一旦注意到自己開始生氣,或出現某些憤怒的身體徵象,你就能運用深呼吸法,讓自己立刻冷靜下來。記住,慢慢深呼吸時,我們的大腦會傳遞訊息,要我們的**身體冷靜下來**。

3. 動手動腳，非暴力的消氣

當我們氣得冒煙，有時可能會想摔東西洩憤。但是這麼做不是表達憤怒的好方法，也不會有幫助，還可能傷到別人。

與其訴諸暴力，不如選擇更健康、安全的方式來消氣，利用正確的方式「動手動腳」。你可以把憤怒想像**成一種我們必須消耗的能量，消耗完就會覺得好多了！**你可以去跑步、慢慢散步、騎腳踏車或跳舞！我的姪女席耶娜告訴我，她生氣時最喜歡打鼓，因為能幫她宣洩怒氣，打完鼓，她氣也消了！你想得到能讓你氣消的好方法嗎？

4. 溝通：不只有說，更要傾聽

要是引起你生氣的是某個人，那麼平心靜氣的說出你的心情，就是解決問題最好的方法。這個做法和第一項工具「說出口」不一樣，因為「溝通」是指你要解決你和另一個人之間的問題，而不是找一個你信任的人，

訴說令你難過的感受。

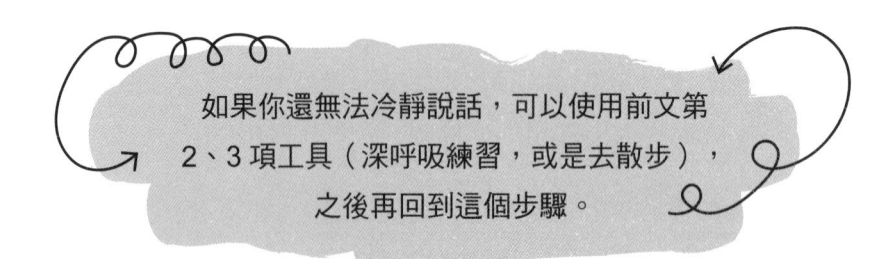

> 如果你還無法冷靜說話,可以使用前文第
> 2、3項工具(深呼吸練習,或是去散步),
> 之後再回到這個步驟。

> 和他人溝通表達你的感受,
> 有助於你了解自己生氣的理由,
> 同時也給對方一個機會,
> 和你好好修復問題。

溝通的意思不只有說,也要傾聽!我生氣時,有時只能從自己的角度看待事情,可能會變得非常頑固,拒絕聆聽別人的說法。可是這樣一來,就很難甩掉憤怒的情緒,彼此也會繼續吵下去。

當我認真思考對方可能會有的感受，從他們的角度看待事情，憤怒似乎就瓦解了。與其和對方吵架，還不如溫柔的對待他們，這樣反而能更快解決問題！例如，和兄弟姊妹或朋友吵架時，不要彼此互罵，可以說說為什麼你們覺得沮喪或不開心，而且一定要仔細聽對方說話，這樣才可能妥協或者達成共識，重修舊好。

你還記得憤怒工具箱裡有什麼嗎？
統統寫下來吧。

憤怒工具箱

1.
2.
3.
4.

06

悲傷：
擁抱低潮，找回內在快樂

每個人都有悲傷的時候，可能只是情緒有點低落，或可能為了某件事難過沮喪，想要大哭一場。悲傷會讓我們無法享受我們平時喜歡的事物，例如，你正在為某件在學校裡發生的事情難過，即使你平常晚上喜歡和朋友見面，那天卻可能不想這麼做。

我小時候也曾經感到悲傷，主要理由是我感覺很孤單，那時還以為只有我有這種感覺，而這種想法又讓我感到更加孤單，要是那時我知道現在學會的事就好了。

> 每個人都有悲傷的時候，
> 沒有人會一直快樂。

以下是幾個我們可能悲傷的例子：

- 你盡心盡力準備考試，卻考不到你想要的成績
- 家裡有人生病了
- 覺得自己格格不入
- 和朋友鬧翻

你還記得自己悲傷的時候嗎？

可以寫在下方的空格中：

悲傷時，身體會有的反應

感到悲傷時，我們的身體會出現以下反應：

- 感到異常疲累
- 垂頭喪氣
- 沒有食慾
- 頭痛
- 肌肉痠痛

你是否注意到悲傷時也有這些狀況？把你記得的全都圈起來。

化解悲傷的 3 個工具

1. 說出口：「因為……，所以覺得難過」

要是我們把悲傷悶在心裡，那就像是肩上扛著重擔，這樣每天就很難開心起來。找到方法處理悲傷很重

要，如此一來才能拋開負荷，重新找回自己。

感到悲傷時，最好的做法就是找人聊聊。

先從對自己說這句話開始：

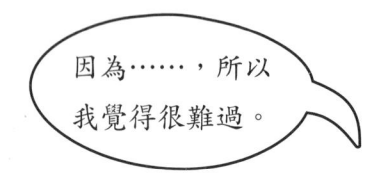

> 因為⋯⋯，所以我覺得很難過。

然後，**把心情寫在日記本中。**

把感受寫出來，就是一種排解悲傷的好方法，尤其要是你還沒做好心理準備，還無法對別人訴說你的心事，**日記本就是一個安全的避風港，可以任由你宣洩情緒。**試著用這句話開頭：「親愛的日記，今天我感覺⋯⋯」，並且盡可能寫出你當下的感受和想法。

等到你準備就緒，就可以找一個值得信賴的朋友或大人訴說心事。記住，**問題說出來，就解決了一半。**對別人訴說自己的問題，就能獲得支持與安慰，有時**只需要這麼做**，我們的心情就會好很多！

2. 想哭就哭，不要憋著

科學證實，哭出來，我們心情就會比較舒坦。所以不要憋著，想哭就哭吧！

> 別忘了，**每個人都會哭**，
> 而且是不分性別、不分年齡。

3. 選擇做一件能讓你心情變好的事

覺得難過時，很容易陷入負面思考的無限循環，所以要找一件你喜歡的事情做，分散你的注意力。找一件能讓你嘴角上揚的事！也許是踢足球、跳舞、著色畫畫，或是做蛋糕。

什麼活動能讓你嘴角上揚？下次覺得悲傷時，挑其中一件事去做！

把你想得到的全部寫在下方：

....
....
....
....
....
....
....

如果你已經難過很長一段時間，
千萬別憋在心裡，找老師或家人訴說你的感受。
我敢保證他們幫得上忙，你絕對不孤單！

> 感到悲傷時，有時我們會心想：
> 我真的可能回到快樂的時候嗎？
> 但我可以拍胸脯告訴你，你一定會好起來的，
> 而且比你想像的還要快，
> **因為悲傷總會過去。**

運用工具、善待自己，在隧道的另一端必定會閃現光明。

「分享情緒」練習

連續一週，每天晚上請每一位家人分享當天的情緒，說說情緒產生的原因。你會清楚看見，我們每一天的感受都不同，這也是練習和他人訴說自我情緒的好方法！

每次我感到悲傷，都會找家人和朋友聊天，他們總會讓我心情變好。有時他們會逗我笑，有時會給我一個溫暖的擁抱，有時只是安靜的聽我說，讓我覺得有人關心我、愛我。

第一次顯化就成真
Manifest for Kids

你還記得悲傷時有哪些工具幫得上忙嗎？
寫下三種工具，提醒自己。

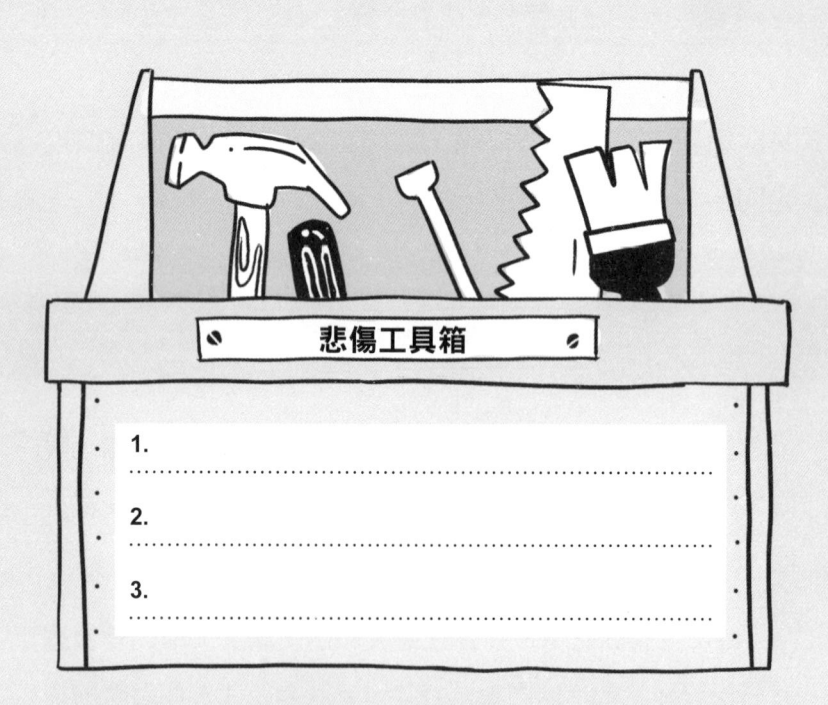

悲傷工具箱

1. ……………………………………………………………
2. ……………………………………………………………
3. ……………………………………………………………

07
懂得好好照顧自己

顯化，就是幫助你成為最棒的自己！為了成為最棒的自己，我們就得**好好照顧自己**。意思就是說，我們得照顧好自己的**身體**和**心理**。

照顧好自己的身體，我們就能：

- 感覺更健康
- 有更充沛的活力

照顧好自己的心理（我們的想法、感受、情緒），我們就能：

- 更充滿自信
- 每天越來越快樂
- 面對生活中的難關

以下是照顧身體和心理的幾種方法：

- 規律運動，補充大量水分
- 到戶外活動（最好是在大自然裡）
- 每晚準時上床睡覺（而且不要太晚！）
- **攝取健康的食物**（像是各式各樣的蔬菜和水果）
- 寫日記（實際做法詳見第二冊的 8 週顯化日記）
- 冥想（我會在後文傳授方法）
- 重複說出肯定句
- 練習感恩的心態（這個也是稍後再分享）

在你已經開始的方法旁邊打勾勾，然後圈起你覺得可以開始進行的方法！

培養規律的模式

想要看見以上方法的真實成效，就需要常常練習。其中一種常常練習的方法，就是**培養規律的模式**。

我要你打造屬於自己的規律模式，一次在早上進

行,一次在晚上。從以上提到的方法中,挑兩種(以上)每天進行。以下是培養規律模式的例子。

我的規律模式

第一天	早上	重複說出肯定句,吃一頓健康的早餐
	晚上	寫日記,早點上床睡覺
第二天	早上	重複說出肯定句,吃一頓健康的早餐
	晚上	冥想,寫日記
第三天	早上	做運動,練習保持感恩的心態
	晚上	寫日記,重複說出肯定句

冥想,讓忙亂的大腦靜下來

進入顯化入門心法❷之前,我想要和你說明一下**冥想**。

我們的大腦常常處於忙碌的狀態,有時大腦就像是一隻猴子,從一個想法跳到下一個想法。這一秒,我們

可能還在聽老師說話,下一秒卻想著晚餐要吃什麼,接著心思又飄走,想到朋友在下課時間告訴我們的事!有的人說這叫作**「心猿意馬」**。

我們照顧自己的方法,就是放自己忙碌的腦袋一馬,讓大腦好好休息充電,而冥想就能達到這個目的。**冥想練習能讓心猿意馬的大腦靜下來**,鼓勵大腦把精神集中於現在(也可稱為「當下」)的狀態。意思是不去想晚一點會發生的事,或者過去已經發生的事,而是全心投入當下。

記住,**顯化為的就是活出你的精采人生**。定期練習冥想能帶來的各種好處包括:

- 在快要崩潰、壓力爆表、悲傷或憤怒時,讓我們冷靜下來
- 為我們的腦袋騰出空間,讓我們創意奔放,想出新穎的點子或解決問題的方法
- 晚上睡得更香甜,更容易入睡
- 幫助我們集中注意力(要是你在學校很難集中精神,冥想就是你的一大利器)

那麼，應該要怎麼冥想？有的人會盤腿坐在地上，也可以平躺，或是坐在椅子上冥想。

> 你知道嗎？其實你已經在讀這本書的時候做過冥想練習了。我交給你的情緒工具箱，其中幾個深呼吸練習就是冥想！緩緩吸氣、吐氣，把注意力全放在呼吸上，就已經是一種冥想囉。你做得太棒啦！

以下是其他冥想的方法，你覺得可以現在就試試看嗎？

1. **聆聽引導式冥想課程：**如果你是冥想新手，引導式冥想是一種不錯的選擇。在引導式冥想中，會有個聲音告訴你應該怎麼做，帶你進入你的想像世界。這種方法很容易讓人進入狀況，背景通常還會播放有助放鬆的音樂！你可以在 YouTube 或其他應用程式中找到很多引導式冥想課程，我自己也有錄製專門給初學者的

冥想課程，你可以試試看，課程都在我的個人網站上：www.roxienafousi.com

2. **想像畫面**：閉上眼，運用你的想像力，在腦中播放一個平靜或愉快的畫面。例如，回放你最喜歡的一段回憶，或是想像自己身在讓你感覺平靜、安全、放鬆的地方。當我們的腦海播放愉快的畫面，大腦就會對身體發送信號，要身體放輕鬆哦！

3. **泰迪熊（玩具）冥想**：仰躺下來，把你最愛的小泰迪熊布偶或玩具放在肚子上，專注觀察它隨著你緩慢呼吸的上下起伏。記得用鼻子吸氣、嘴巴吐氣。你可以在開始前設定鬧鐘，這樣就可以知道冥想何時結束。先從 3 分鐘開始，然後每天循序漸進，慢慢增加時間。我通常喜歡冥想 10 分鐘。

冥想的目的是讓你集中思緒，讓心猿意馬的大腦放慢腳步！一開始可能不太容易，所以要是你覺得很難坐著不動或放鬆，不必太擔心，因為這很正常，你只是需要練習，隨著你多多練習，經年累月下來，放慢大腦

和放輕鬆就會變得越來越容易。這項技能將讓你受用一輩子！

跟朋友一起練習

找個時間和朋友一起進行冥想吧。也許可以挑個下課時間一起冥想？每天都挑戰自己，比前一天多冥想一分鐘！

顯化入門心法❶ 重點摘要

活用工具，成為排解情緒高手

情緒就像是天空上的雲朵，來來去去，總是不斷變化。要是我們不知道怎麼處理情緒，情緒就會像厚厚的雷雨雲，讓眼前的一切都變得黑暗悲慘。但要是懂得運用工具箱，我們就能排解情緒，撥雲見日，太陽再次閃耀，我們的日子也變得溫暖明亮。

第一次顯化就成真
Manifest for Kids

> 不要任由情緒壓垮我們,或是自責難受,
> 我們必須學會接納自己的情緒,勇敢說出來,
> 找到安全的方法釋放,就能變得更快樂。

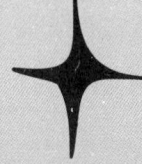

顯化入門心法 ❷

自信和內在信念，
為顯化扎根

內在信念的意思就是相信自己，內心深處知道什麼都難不倒你。內在信念也是一種認知，**知道自己想成為什麼樣的人都不是問題！**

　　自信就像內在信念，但比較類似對自己有把握，而這種感受能讓你每一天都過得自在。舉個例子，假設你對數學充滿自信，上課時就能感到從容。或者如果你是一位有自信的舞者，在舞台上就不那麼緊張！反過來說，如果沒有自信心，在這類情況下，你就很容易緊張。

　　把自己想像成一棵樹。想要茁壯成高大挺拔的樹，你就需要穩固的樹根。**內在信念和自信就是你的樹根**，你越是有自信，越是相信自己，你的樹根就扎得越穩；樹根能讓你茁壯成長，一年四季都不可動搖，就算遭遇風雨也不怕摧殘，而這就是顯化的用意。

　　我們需要內在信念和自信，才能夠顯化最美妙的人生，成為最棒的自己。這兩大利器有助於我們：

- 以更正面的角度看待自我

- 更有行動力
- 去做我們可能不敢做的事
- 遇到困難時堅持下去
- 感到快樂
- 嘗試困難的事物
- 達成目標
- 結交新朋友

當我還小的時候,我沒什麼內在信念或自信,也不知道可以學習培養這兩樣東西。後來,隨著我長大,開始學會相信自己,我就深深有感這是我做過最值得的事!要是能早點培養自信心就好了。

也許你現在信心不足,沒有內在信念,我能理解你的感受,可是我答應你,我們可以一起找到方法,增進你的自信心!培養出內在信念和自信後,你就能慢慢解鎖內在的力量與潛能。

08
你是獨一無二的存在

我有一件非常重要的事要告訴你,仔細聽好囉。

你很特別,不用刻意去改變!沒錯,我說的就是你!

你務必記得,**在這個世界上,你是多麼特別、多麼重要的存在。**

你知道為什麼你那麼特別嗎?這個地球上共有幾十億個人,卻**沒有一個人和你一模一樣**。全世界只有一個你,你說這是不是很酷?

> 把世界想像成一個巨大的拼圖,這張拼圖有幾十億片拼圖塊,每一塊拼圖都是一個人。

> 而其中一塊就是你,世界需要這樣的你,拼圖才能完整,拼成一幅美麗的畫面!

大聲讚美自己

我要你大聲讚美你具備的所有特質,就是這個如此獨一無二的你,於是我發明了一個**小練習**,可以讓你發現自己的獨特之處。

請你回答以下幾個關於你的問題,並寫在接下來的空白頁中。我已經列出幾個可能的答案,你可以從中直

接挑選,也可以自己另外寫出答案。

1. 哪些形容詞最能描述你?

你可以選擇:**善良、有趣、勇敢、堅強、獨立、聰明、幽默、富有創意、責任心強、誠實、樂於助人、俏皮、具有冒險精神、有耐心、值得信賴、想像力豐富、有愛心。**

2. 你最擅長的事是什麼?

可能是你在學校最強的科目、嗜好,或者你很擅長當別人的好朋友,記得所有喜歡的歌詞,或是你很會發明新遊戲。

3. 你最喜歡什麼?

你可以說說你最喜歡的顏色、消遣娛樂,或是最喜歡的遊戲、食物等。

4.你覺得家人朋友最喜歡你哪一點？

如果你無論如何都想不出答案，可以告訴朋友或家人這個小練習，請他們幫忙。

恭喜你完成練習,也謝謝自己寫下答案!你描繪出讓你獨特的個人樣貌,每一個做練習的人,都會得出不同答案,描繪出不同樣貌,沒有人是一模一樣的,因為:

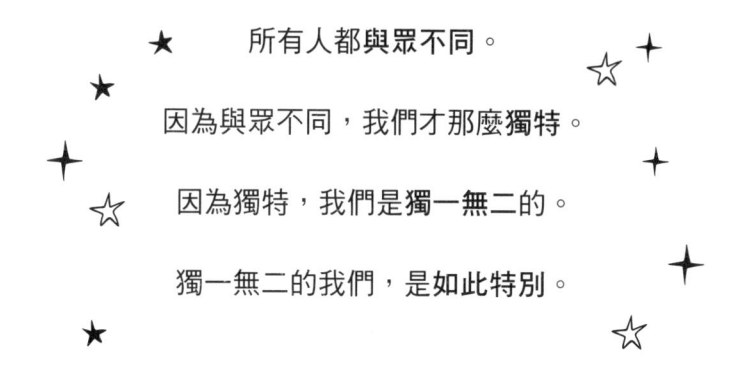

所有人都**與眾不同**。

因為與眾不同,我們才那麼**獨特**。

因為獨特,我們是**獨一無二**的。

獨一無二的我們,是**如此特別**。

跟家人一起練習

現在換你帶領家人做練習！大家坐下來，每個人都拿一張紙，在空白處回答這四個問題，寫下讓他們獨一無二的特質：

1. 哪些形容詞最能描述你？
2. 你最擅長的事是什麼？
3. 你最喜歡什麼？
4. 你覺得家人朋友最喜歡你哪一點？

如果你願意，也可以陪他們再做一次練習，說不定這次還會想出新答案哦！

寫完之後，注意看每個人的答案是多麼不同，卻一樣美妙。

以下是我和家人做練習的例子。

伍爾夫

1. 幽默、勇敢、善良、聰明、想像力豐富
2. 攀爬、逗大家笑、畫畫、玩拼圖、跑步
3. 橘色、杯子蛋糕、看《妙妙犬布麗》卡通、車車、玩假裝遊戲
4. 和我在一起很好玩，我也很善良體貼

韋德

1. 富有冒險精神、創意十足、堅強、責任心強、俏皮
2. 演戲、發明新遊戲、運動、聆聽他人說話
3. 到大自然走走、小狗和所有動物、看電影
4. 只要有我在場，大家都開心

蘿希

1. 有耐心、有愛心、聰明、獨立、誠實
2. 寫作、給予意見、朗讀睡前故事、做瑜伽
3. 棕色、吃洋芋片、跳舞、慢慢散步
4. 我很慷慨大方，總是樂於助人

09
同時接納別人的獨特

每個人在各個方面都不一樣,所以接納自己的獨特,同時也接納別人的獨特,這點非常重要。

別人會做出和你截然不同的事:他們喜歡的事物、說話腔調、害怕的事情,或是吃的東西可能都截然不同。

有時,看見別人做出和我們選擇截然不同的事,或許很難理解,然而即使無法理解,我們都必須**接納並且抱持善意**。

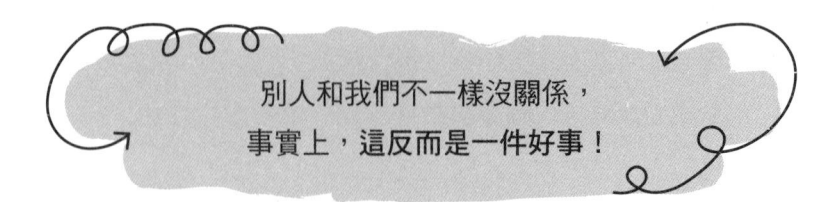

> 別人和我們不一樣沒關係,
> 事實上,這反而是一件好事!

試想一下：學校要組一支足球隊，如果每個人擅長的技能都一樣，每個人都要踢同一個位置，這樣要贏球也難吧？一整支球隊全是守門員，就沒人進球得分；一整支球隊都是前鋒，防守就會很弱！如果想組成一支堅強的隊伍，你就需要不同領域的強者。

或是想像一下管弦樂隊，他們也需要各式各樣的樂器，才能演奏出美妙動人的音樂。

> 如果有人做事的方式和你不一樣，
> 與其批評或論斷對方，不妨提出問題，
> 試著去了解對方。

我記得小時候，我媽媽會戴著蓋住頭髮的頭巾來接我放學。有一天，班上一個男同學為了這件事嘲笑我，害我很受傷。要是當時他不是笑我，而是上前問我為什麼媽媽要戴頭巾就好了，這樣我就能向他解釋，因為媽媽信仰伊斯蘭教，而信仰伊斯蘭教的人都會戴頭巾，說

不定他就能理解每個人都不一樣，而他也必須接受。

接納別人的不同，保持善意和好奇心，有禮貌的提出問題，這樣就能更了解別人！

10
對自己說好話，發揮同情心

有一種增加自信和內在信念最好的做法，就是對自己說好話。

對自己說好話並發揮同情心很重要，因為我們的想法和我們對自己說的話，會大大影響自我的感受和行為。舉個例子，如果我們對自己說「我辦不到」或「我很爛」，那麼我們的表現就不可能出色，或許連試都不想試。

但是如果我們對自己說「因為我很勇敢，所以我願意試試看」或「我會盡自己最大的努力做到好」，那我們就比較有信心和勇氣，更願意放手一搏！

我們能夠選擇對自己說的話，所以現在就來練習說出讓你充滿信心的話吧！以下幾句話，可以讓你積極改

變你對自己說話的方式：

與其說……	不如說……
我辦不到。	➡ **因為我很勇敢，所以我願意試試看。**
我很爛，不要做了。	➡ **我會盡力做好的。**
真希望自己能更厲害。	➡ **每一次嘗試，我都有進步。**
要是失敗了，怎麼辦？	➡ **我會盡最大的努力做到好。**
我不像我朋友那麼厲害。	➡ **我有自己的優點，不必樣樣都厲害。**

對自己說話的時候，隨時都要記得說好話，
就好像你會對死黨說出的那些話一樣，
對自己說話！

說出自我肯定句

我問我的姪女席耶娜,有沒有不相信自己或沒自信的時候,她告訴我,要在音樂課上獨唱時,有時她會因為害怕大家不喜歡她的歌聲,感到七上八下。

所以我們說到 —— 每當她內心出現這種感覺,都要對自己說一句正面的肯定話語,增加她的自信,克服內心的憂慮。

還記得顯化入門心法❶有提到這項工具嗎(見第01章節)?我們可以在內心默默唸出自我肯定句,也可以大聲說出來,讓我們專注於正向思考。例如,她可以這樣告訴自己:

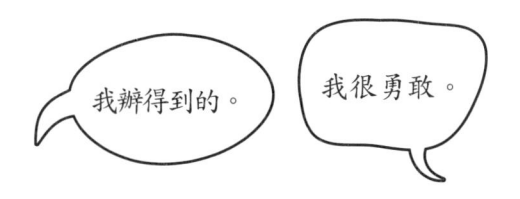

> 我辦得到的。 　　我很勇敢。

無論碰到什麼情況,說出自我肯定句,都能讓我們提升自信。

要是我們常常說出自我肯定句，就等於是在訓練大腦：

1. 專注於正面思考
2. 變得更有自信
3. 相信自己

積極正面的自我肯定句，就是一項顯化的完美利器！

以下是幾句幫你提升內在信念與自信的肯定句：

大家就是喜歡這樣的我。

我很堅強。

我相信我自己。

我可以成為任何我想成為的人。

我為自己感到驕傲。

我值得快樂。

我一天比一天進步。

只要我盡心盡力，沒有辦不到的事。

我能夠克服任何障礙。

我很期待未來。

我已經夠好了。

我很勇敢，勇氣十足。

我很特別，我是獨一無二的。

今天會是很棒的一天。

我總是不斷學習與成長。

我可以跨越所有難關。

對於我生命中的人來說，我很重要。

我是一個好人。

我可以，也會做到。

盡全力就夠了。

我值得被愛和幸福。

對這個世界來說，我是很重要的存在。

挑戰有助於我的成長。

我超級棒。

現在就試著挑幾句話說說看,留意一下說出來的美妙感受!

每天都要使用自我肯定句

每當你需要提升自信心,隨時都能對自己說出肯定句,不過你也應該培養成日常的一種規律,在每天的生活中,找時間對自己說肯定句,越常說,效果就越好。

我喜歡早上,也就是一日之初對自己說肯定句。

如果你每天說出像是「今天會是很棒的一天」或「大家就是喜歡這樣的我」等肯定句,那麼你的大腦就會在這一天四處尋找證據,支持這個說法。也就是說,你的大腦會努力去尋找正面的事物,幫你找到更多自信的理由。

我要你**養成習慣**,每天早上可以在這些時候說出自我肯定句:

- 早上一醒來，還沒下床時
- 在浴室刷牙洗臉的時候
- 出門之前
- 上學途中

你可以回到先前已為自己制定的規律模式（見第07章節），並加入自我肯定句嗎？**試著每句話都對自己說五遍！**像是這樣：

> 我是被愛的。
> 我是被愛的。
> 我是被愛的。
> 我是被愛的。
> 我是被愛的。

11

不為別人改變，勇敢做自己

有時候，變得受歡迎或變酷的壓力或許令人難以承受。我們可能覺得為了融入團體，有必要改變自己或自己喜歡的事物，你是否也曾有這種感覺？

擔心別人對自己的看法很正常，但是**顯化的用意，就是要你勇敢做自己**。意思也就是說，**你不必試著為別人改變自己，而是繼續讚揚自己，並且為了自己的獨特感到驕傲，你就是你！**

我個人覺得，不怕與眾不同、能為了自己的獨特感到驕傲的人，才是最酷的。

只要你做自己，就能自在的展現自己的獨特，變得超級有自信！只要你做自己，就能結交到懂得欣賞、接納你的朋友，也正因為如此，你會變得更快樂、更有安

全感,和人相處起來也更自在。

> 比起擁有很多朋友,但並非喜歡真實的你,
> 只擁有 1~2 個朋友且喜歡真實的你,
> 還是**比較好**。

12
讓自己開心，
不被他人的言行左右

永遠都要做自己，並且去做讓你開心的事。無論是穿著打扮，還是選擇閒暇活動都一樣。

能讓你感到開心的事有哪些？

可以寫在下方的空格中：

不管別人怎麼說，做這些事時你都應該感到驕傲，因為你剛剛寫下的事情，都是屬於你的一部分！而你應該喜歡這樣的自己！

當然，你喜歡的事物會隨著長大改變，這很正常！

但只有你自己能決定何時不再喜歡某件事物，哪件事物再也無法讓你開心。

要是別人對我不友善，或是被討厭呢？

這世上總是有壞心眼的人，這些人可能會嘲笑我們，或是在背地裡說我們的壞話，我知道那種感覺有多難受，可能讓我們難為情或對自己感到羞愧。尤其要是我們根本沒傷害或招惹別人，這種感覺更是令人沮喪無力。但我有一件非常重要的事要告訴你，請仔細聽好：

> 要是有人無緣無故對你不友善,
> 絕對與你無關!

我知道聽起來可能很難相信,但我向你保證,我說的是真的。那些人之所以對你不友善,全是他們自身的感覺作祟。這些人或許過得不快樂,或是不是那麼喜歡自己,以至於把自己的不開心發洩在別人身上。

就像我們在顯化入門心法❶裡提到的,我認為,**如果每個人都更懂得處理難纏的情緒,人人就能更善待彼此,心存善意,就不用對別人洩憤了!**遇到有人對你不友善,還有另一個可能的理由,那就是對方嫉妒你,想要你擁有的某樣東西。

所以,要記住這並不是你的錯。與其責怪自己,或任由他人踐踏你的心情,不如這麼做:

1.忽視對方的行為。有時最好的做法是不跟對方計較,展現你的寬宏大量。

2. 為自己挺身而出。 保持冷靜，堅定告訴對方，他們的行為太過火，警告他們不可以再這樣對你。

3. 通報老師或大人。 老師或大人可以從旁支持，幫你找到改善情況的方法。

內在信念和自信之所以那麼重要，還有一個原因，那就是只要我們的根扎得夠穩，我們就不會那麼輕易被別人的話語或行為左右。

13
別忘了善待別人，展現善良

善待別人，就是用自己希望別人對待我們的方式，去對待別人。

善良是一件很酷的事，所以我們應該永遠善待自己，也要善待別人！

> 有的時候，人不想表現出傷心或孤單的一面，
> 但要是你善待他人，
> 或許會默默幫助到過得不順利的人。

有很多展現善良的方式,以下是其中幾種善待他人的例子:

1. 問對方過得好不好
2. 要是對方遇到困難,可以出手幫助
3. 如果對方難過,可以給他們一個擁抱
4. 和對方分享你的東西
5. 教他們一件新事物
6. 讚美他們
7. 如果有人欺負他們,為他們挺身而出
8. 如果沒人願意坐在他們旁邊,可以過去陪他們
9. 如果對方需要傾訴的對象,靜靜聽他們說

我媽媽老是告訴我:「當個好人,很好。」

她說得一點也沒錯,**當個善良的人感覺確實真的很好!**

你做過哪些善待別人的事情嗎？

請寫在下方的空格中：

14
為自己完成的好事感到驕傲

另一個增進自信、內在信念變強的方法,就是為自己感到驕傲,也就是**用積極的心態看待我們完成的事,或是做得很好的事。**

我們每天做的事情當中,有太多值得驕傲的事。我們可能很驕傲:

- 勇敢嘗試新事物
- 幫助別人
- 就算害怕,還是堅持下去
- 幫忙做家事
- 學會新事物
- 為別人挺身而出

- 完成一項任務

有時,我們會忘記為自己感到驕傲,尤其要是給自己的壓力太大,期許自己「成為第一名」。我想提醒你,不要給自己太大壓力、過於追求「完美」。要明白**不管你做到多少程度,都很值得驕傲**!例如,你參加運動會的賽跑項目,無論最後得到什麼名次,都應該以自己為榮。你應該要很驕傲自己勇敢參與,也盡全力了,並順利完成比賽!

我們也可能忘記為了日常小事感到驕傲,例如有整理床鋪或準時完成功課。我們應該更多多留意自己完成的好事,不分大小,所有事都值得驕傲!

最近做了哪些值得驕傲的事?

如果想不出來,可以找家人和朋友幫你腦力激盪。

顯化入門心法 ❷
14. 為自己完成的好事感到驕傲

看看你寫下來的答案,太棒了!做得好!現在可以對自己說:「我很驕傲自己完成了這些事。」

跟家人一起練習

連續七個晚上和家人坐下來,請大家分享那天他們最值得驕傲的 3 件事,這麼做能讓你清楚看見自己的成就,在一天的尾聲信心大增。

顯化入門心法❷ 重點摘要

善待自己和他人,也肯定自己

你是那麼的棒、那麼特別,又獨一無二,世界就是需要這樣的你。

我要你記得善待自己(也要善待別人),做自己,讚揚自己的獨特,重複說出肯定自己的話語,留意每天值得驕傲的大小事,想要成為最棒的你,這是非常重要的心法。

> 內在信念就是你的超能力。
> 只要你相信自己可以,你就做得到!

顯化入門心法❸

感恩心態，
讓你越活越豐盛

顯化為的就是活出最精采的人生，但在那之前，你得先學會**感恩**。

感恩是指感謝我們所擁有的一切，擁有這種心態，我們就會只專注於生活中的美好，並且真正欣賞它們。**用心欣賞我們擁有的美好事物，並且專注於這些事物，我們就能立刻變得更快樂。**

> 抱持感恩的心就像一種魔法，
> 當我們感激自己所擁有的一切，
> 生命就會賜給我們更多值得感謝的事物！

值得感恩的事情太多了，以下舉幾個例子。

感謝這個世界

- 大自然。多虧有大自然，我們才能爬樹還能在海裡游泳。

- 鮮明的四季。多虧有四季,我們才能在冬天留下雪天使的圖形,還能在夏天,一邊戲水一邊享受溫暖的陽光!
- 存在於世界各地的各種動物

感謝你的生活

- 晚上有一張可以安穩入睡的床
- 每天教導我們許多知識的學校
- 我們的家人和朋友
- 我們最喜歡的遊戲或嗜好
- 我們最愛吃的食物

感謝自己

- 個人專屬的獨特天賦或特質
- 我們學習新事物的能力
- 我們的身體,以及身體能讓我們做到的事
- 我們的想像力和創造力

思考你覺得值得感恩的事，就可能讓你心情變好，因為大腦會專注想著生活中正面美好的事物。某天日子裡，如果我感到不太順利，有時會寫下類似上列的感恩清單，讓自己心情變好。下次心情低落時，你也應該試試看，真的有差哦！

　　當我們遇上難關，抱持感恩的心大有幫助。譬如說，生病的時候，或是學校作業分數過低，遇到這種難過的時刻，很容易鑽牛角尖，抱持負面想法，但是如果我們能找出值得感恩的小事，就會發現生活中其實有許多我們原本沒想到的好事。

你感恩的事物有哪些？

　　把你想得到的全部寫下來：

顯化入門心法 ❸
14. 為自己完成的好事感到驕傲

15
不如意時，只看生活中的美好

當事情不如預期，或是碰到我們不喜歡的情況，我們可能會開始抱怨或發牢騷。

這種時候，我們只會看見自己所欠缺的，或負面的事，而發牢騷只會讓我們情緒更為低迷。

心情低落、擔心、內疚或生氣時，當然是可以說出來。遭遇困境時，我們是理應覺得可以吐苦水，但要是太常把問題掛在嘴邊，抱怨自己缺少什麼，或是為了某種情況哀嘆連連，就走不出低迷的情緒。

因此，我們應該練習抱持感恩的心，**轉移焦距，只去看生活中的美好**。

16
換個說法代替抱怨，把負面變正向

　　如果你注意到自己很想抱怨某件事，是否能試著從中找到值得讚美的優點？再小的事都可以。例如，想像你吃晚餐時，發現晚餐不是你盼望的菜色，與其說**「我今晚不想吃蔬菜，只想吃漢堡！」**不如改說：

> 我很開心今天可以吃到健康的晚餐，因為我肚子真的好餓。

或是不要說**「要是今天沒下雨就好了」**，改說：

> 我很開心可以澆水給植物和小草，這樣花朵就能綻放，草地也會變得綠油油。

記住，我們腦中所想的事和大聲說出來的話，都會深深影響我們的感受和行為。在第 10 章節裡，我們講到應該把你想說的話，重新以正向的訊息包裝，有助於提升你的內在信念與自信。

而在這裡，還有幾個你可以試著改變的說法，讓你多多練習抱持感恩的心；當你注意到自己就要說出負面的話時，試著把它改成類似下列的正面句子：

與其說……	不如說……
這我不喜歡。	➡ **雖然這不是我最喜歡的，不過我喜歡它的……**
要是我有的不只是這樣就好了。	➡ **我對我所擁有的心存感激。**
我一直都無法心想事成。	➡ **我平常都心想事成，只有這次沒有。**
我好無聊。	➡ **我要去找點事情忙。**

你也應該只看自己做得到、能讓情況好轉的事。思考一下，你可以想出什麼樣的辦法，積極解決問題，而不是消極的等待別人幫你改變狀況。這就是負責任。

> 發牢騷很少能讓你心情變好，
> 但只要看見生活中的美好事物，
> 你的感受就會天差地遠！

「感恩罐」練習

1. 找一個大空罐,貼上一張寫著「感恩罐」的標籤。

2. 每個週五,請家人們各自在一張紙上,寫下自己的名字、日期,還有這個星期以來,他們最感恩的 3 件事。

3. 把紙丟進罐子裡。

4. 每週五重複以上 2、3 步驟,直到罐子裝滿為止。

5. 等到罐子已經塞不進紙條了,就把所有發生過的好事朗讀出來!體會正能量的美好感受!

17
時常說「謝謝」，人際關係更要好

想要對某個人表示感謝，或是謝謝對方的幫忙，最好的做法就是說謝謝。**當我們表達感恩的心，謝謝對方為我們做的事，他們會很開心，也能感受到你的感謝，**彼此的關係會因此變得更緊密要好。

有時我們會忘記說「謝謝」，我希望你能記得把它隨時掛在嘴邊。**即使是小事，也不要忘了說謝謝**，例如以下情況：

- 老師幫你某件事
- 有人為你煮晚餐
- 有人幫你開門
- 有人讚美你

想一想，還有什麼別人會幫助你的事，而下次會記得對他們說謝謝？可以寫在空格中：

寫一封感謝信

我要你現在拿出紙和筆，寫一封感謝信，給你生活中對你特別重要、你想要好好答謝的人。告訴對方，你感謝他們的理由，下次見到面時把信交給他們。或者，如果你知道他們的地址，可以用郵寄的。他們讀到你的信時，一定會超級開心！

想想今天發生了什麼好事

每天晚上睡前,我都會問兒子伍爾夫:「今天發生了什麼好事?」這個問題會讓他開始思考當天發生過的好事。我希望你每晚也能養成這個習慣,可以和一個大人進行,或是寫在日記本中。

現在馬上試試看:在下方的空格裡,寫下今天發生的好事:

18

避免嫉妒，
不再跟別人做比較

有時，我們難免會拿自己和學校同學、電視或社群媒體的人物比較。看著對方，我們可能會覺得自己某方面不如人，或是嫉妒別人擁有某樣事物。**感恩的用意就是感謝自己擁有的一切，可是當我們和別人比較，就更不容易心存感恩。**

我還記得我以前會和學校的女同學比較。看見她們的漂亮衣服、信心滿滿，又很快樂的樣子，我都會好奇為什麼我和她們那麼不同。真希望我可以告訴小時候的自己，不要再那麼想了，因為我已經夠好了！

你是否也曾經有這種感覺？如果是，寫下你的感受吧：

我們難免都會和別人比較,但是這種比較並不好受,對吧?**所以下次發現自己又和別人比較時,應該怎麼做?**好,現在就由我來傳授你實用工具。**每當你感到嫉妒,或開始拿自己和別人比較,我要你使出這些工具。**

運用「停止比較」的 3 個工具

1. 記得欣賞自己

當我們拿自己和別人相比,往往會忘了自己有多特別,只看見自己沒有的,而不是我們已經擁有的美妙事物!

回到你在顯化入門心法❷(見第 08 章節)的自我描述,大聲唸出你獨一無二的特質!每當你開始和別人比較自己,都別忘記這份清單和你所有的亮點。

2. 只看你擁有的

每當我們拿自己的生活和他人比較,我們只會看見別人擁有、自己沒有的事物,因此很容易感到自卑,感受到自己的不足!與其如此,不如**只看看自己生活中擁有的事物**,回頭翻看你在第 14 章節列出的感恩清單。

3. 把嫉妒化為動力

　　不要只是嫉妒別人，而是把嫉妒心化為動力。這份動力將讓你感到興奮期待，或是充滿拚勁，你可以利用嫉妒心來幫助自己練習、學習、成長！舉個例子，如果你有個朋友功課拿到高分，與其嫉妒他，你可以這麼想：**好棒哦！我也想要，我要想辦法得高分！**今後你可以多花點時間在功課上，或者請這位朋友給你意見，分享幾個可以幫助你進步的小訣竅。

　　受到啟發是一件令人興奮不已的事，這種感覺比嫉妒要好得多！

　　每當你感到嫉妒，或開始拿自己和別人比較時，請使用這些工具。

19

小心社群媒體，
讓你越滑越沒自信

你可能已經在使用社群媒體，或者沒多久就會開始使用。在社群媒體上，我們很容易拿自己和他人比較，畢竟不斷看見別人生活中的亮點，像是他們開心玩樂的照片、他們的漂亮衣服、度假旅遊，還有一大群朋友！

而這些很可能讓你的自信大打折扣，所以我想告訴你一件事，那就是：

> 你在網路上看到的，並非全都是真的。

有的人會使用濾鏡和聰明小工具，讓自己看起來和實際上不一樣，所以要是我們拿自己和他們比較，就等於是和並不真實存在的人相比！

有的人也會裝出自己一直都很幸福快樂，人生很完美的模樣，但這都不是真的。

我敢向你保證，世界上所有人都和你一樣，無論是名氣多高、多成功的人，都有傷心的時候，也會被人虧待、失去信心，因為人生本來就是這樣！

如果社群媒體讓你覺得愉快好玩、受到啟發、看得很開心，那麼很好，畢竟這就是社群媒體的用意！ 但如果社群媒體逐漸讓你覺得自己不夠好，或是你注意到自己在開始使用後，心情沮喪難過，那麼你可以採取以下行動：

1. 刪除讓你心情不好的應用程式，暫時不用。
2. 多花點時間和讓你覺得自己被愛與特別的人相處。
3. 每天對自己說肯定的話語，記得自己有多棒。

4. 如果你要繼續使用應用程式,可以解除追蹤讓你心情不好的帳號,或是調整成靜音。調成靜音之後,你的動態消息中就不會出現那個帳號的內容,如果不知道如何操作,可以請大人教你。

顯化入門心法❸ 重點摘要

感謝自己擁有的一切

想要顯化最美好的人生,你就必須感謝自己擁有的一切。

多多練習保持感恩的心,就等於訓練大腦尋找和留意更多值得感恩的事。

只看你生命中的美好事物,你就會變快樂,讓你在面臨難關時,保持積極正面的態度。

> 人生既美妙又美好,
> 值得感恩的事太多了!

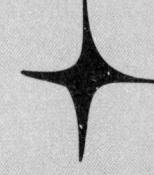

顯化入門心法 ❹

快速實現目標的 6 步驟

你有思考過未來想做什麼嗎？也許是想學彈吉他、加入籃球隊，或是想要交新朋友、考試拿高分，甚至更久遠一點的事，像是已經知道長大後想做什麼。

> 這些都是「目標」。所謂的目標，就是我們未來希望達成的事情，擁有目標很重要，因為如此一來，我們就能專注自我，去做讓你充滿動力、努力實現的事物。

顯化最令人期待的一件事，就是它能讓我們實現夢想，在此之前你要做的就是**設定目標**。以下是設定目標的 6 個步驟：

20
設定專屬自己的目標和時間

第一件要做的事,就是思考你想達成什麼目標、何時達成目標。例如:

- 年底通過考試
- 在下一次的寒暑假前,加入一支體育隊伍
- 每個月讀一本書
- 學期結束前,學會 10 句外語

現在就立刻開始吧。**你未來的目標有哪些?**可大可小,可近可遠!全都寫下來,同時標註你希望目標實現的時間。

第一次顯化就成真
Manifest for Kids

製作夢想板，時時提醒自己

關於明確設定目標，有一種好玩的做法，那就是製作夢想板：

- 拿一張大紙卡或紙張，在最上方寫下你的名字
- 使用彩色筆、貼紙、圖畫、雜誌剪下的圖片，把這些都放上夢想板，拼湊出你想要達成的目標。例如，你想要成為學校話劇的主角，就可以貼上激勵你的劇場和演員圖片，然後寫下你想參與的話劇名稱，還有你想要獲得的角色。
- 把夢想板貼在牆上，時時提醒自己的目標，保持專注！

21

運用想像力，
觀想成功畫面

　　設定好目標之後，在腦海中想像目標實現的畫面，這一步就叫「**觀想**」。觀想自己實現目標，真的能讓你實現夢想。聽起來簡直就像魔法吧！

　　你需要想像自己朝目標努力、克服所有難關、最後成功致勝的畫面！例如，之前我想要成為作家，於是我想像自己寫作、把作品寄給出版社，最後看見自己的作品在書店上架的畫面！一開始也許很困難，但隨著慢慢練習，就會變得簡單。

　　有很多體育名人、演員、歌手和大老闆，都是利用觀想力實現夢想。例如英國演員、歌手、製作人伊卓瑞斯·艾巴（Idris Elba OBE）就曾說過：

製作夢想板，時時提醒自己

關於明確設定目標，有一種好玩的做法，那就是製作夢想板：

- 拿一張大紙卡或紙張，在最上方寫下你的名字
- 使用彩色筆、貼紙、圖畫、雜誌剪下的圖片，把這些都放上夢想板，拼湊出你想要達成的目標。例如，你想要成為學校話劇的主角，就可以貼上激勵你的劇場和演員圖片，然後寫下你想參與的話劇名稱，還有你想要獲得的角色。
- 把夢想板貼在牆上，時時提醒自己的目標，保持專注！

21
運用想像力，觀想成功畫面

設定好目標之後，在腦海中想像目標實現的畫面，這一步就叫「**觀想**」。觀想自己實現目標，真的能讓你實現夢想。聽起來簡直就像魔法吧！

你需要想像自己朝目標努力、克服所有難關、最後成功致勝的畫面！例如，之前我想要成為作家，於是我想像自己寫作、把作品寄給出版社，最後看見自己的作品在書店上架的畫面！一開始也許很困難，但隨著慢慢練習，就會變得簡單。

有很多體育名人、演員、歌手和大老闆，都是利用觀想力實現夢想。例如英國演員、歌手、製作人伊卓瑞斯・艾巴（Idris Elba OBE）就曾說過：

> 是我的想像力不斷督促我前進,而我要做的只有想像自己得獎的畫面,想像自己爭取到重要角色,這就是我的內在魔法。如果能看見這樣的畫面,最終我就能實現目標。

還有一位總共贏得 28 面奧運獎牌(其中 23 面是金牌)的美國泳將麥可・菲爾普斯(Michael Phelps),他是有史以來最強的奧運選手!麥可的訓練也常融入觀想,每場比賽前,他會想像自己游泳、克服困難、贏得比賽的畫面,並藉由這種觀想力準備就緒,為自己充飽信心,最後贏得比賽。

**我們的心智十分強大,
透過想像力(觀想力)可以
對我們現實生活中發生的事情造成影響。**

如何進行觀想？

1. 背部平躺著，閉上眼睛。
2. 運用想像力，想像自己達成目標的畫面。
3. 盡可能想像各種細節，像是你看得到的顏色、某個場景的聲音、夢想實現時的美好感受！

應該何時進行觀想？

有想要達成的目標，或是對進行某件事感到緊張時，都可以觀想自己完美達標的畫面。**可以每天晚上或是每星期進行一次，觀想的次數越多，效果越好。**

22
拆解計畫，採取行動

設定好目標之後，接下來就是打造實踐目標的計畫。我們可以**把計畫拆分成幾個小步驟**，裡面包含很多更微小的目標，這樣一來，就會覺得**比較應付得來，也不那麼令人望之卻步**。

我們可以思考一下，想要練習哪些技巧、必須花多少時間練習。例如，如果你的目標是年底通過音樂考試，我們可以先設定幾個較小的目標，像是決定我們必須學習哪幾首樂曲，以及學習的順序。另外，我們也可能決定，為了達成目標，每天要練習20分鐘。

再來就是**採取行動**了。意思就是說，我們得下功夫勤加練習！

記住，沒有人可以幫我們完成目標，想要達成目

標，我們就要自己扛下責任。也就是，即使有時遇到困難，或是懶得練習，我們仍然得繼續努力或練習下去。

> 這就叫作「自律」。

這麼想吧：設定目標就像是埋下一顆種子。如果你想要種子長成一朵美麗的鮮花，你就得每天澆水、讓它曬太陽、照顧它。

換句話說，你必須設定目標（也就是埋下種子），並且持續採取行動，才能看見它成長盛開！

> 記住，什麼都難不倒你，
> 只要你相信自己，努力嘗試，
> 並且永不放棄。你做到了！

23
相信自己一定做到

在顯化入門心法❷中,我講到相信自己、培養自信的重要性,想要達成目標,自信就非常重要。

如果我們不相信自己,就不敢嘗試。如果太擔心失敗,可能就連嘗試都不會!如此一來,要達成目標顯然就難了。

可是如果我們相信自己,即使會害怕,還是能督促自己勇敢追求目標。

這是你運用自我肯定句的大好時機。不斷對自己說:「只要我盡心盡力,沒有辦不到的事。」或「我做得到!」

只要你相信自己辦得到,你就辦得到!

24

保持正向，
從嘗試中成長

　　遭遇困難或犯錯的時候，你是否曾經想放棄？有時難免會有這種感覺，但若要達成目標，就算事情進展不順利，還是必須保持積極正向，堅持下去。

　　事實上，我們必須記取教訓，從錯誤中學習，讓自己不斷進步，持續成長！

　　我向你保證，做錯了或是一開始做不好，完全沒問題。**你越是去嘗試，越是積極練習，就會越進步。**

　　在腦中隨便想一個超級有才華的人——這些人也不是一開始就完美，我敢說他們也是經過不斷的錯誤和失敗，才有今日的成就！

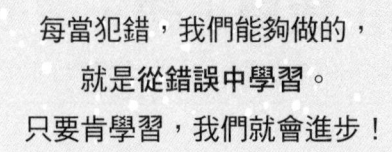

每當犯錯，我們能夠做的，
就是從錯誤中學習。
只要肯學習，我們就會進步！

25

參考勵志故事，帶來更多啟發

如果想要實現的目標過於遠大，我們可能會擔心夢想遙不可及，身邊的人甚至可能告訴我們不可能實現。

但只要你盡心盡力，就沒有辦不到的事。你比你想像中的還要強大！

如果你已經知道自己想要達成的目標，**聽取過來人的意見很有幫助，可以帶來很多啟發**。在我開始對著幾百個人演講之前，我曾經花很多時間看別人演講，聽他們講述自己的人生故事，他們是怎麼走到今天，聽這些故事令我充滿期待，因為我知道自己也可能辦到。

> 閱讀成功人士的勵志故事，或是觀看勵志影片，你就會覺得自己的成功率，遠遠不只有「可能」。

顯化入門心法 ❹ 重點摘要

設定目標,成為理想的你

顯化能幫你成為你想成為的人,而設定目標、達成目標是很重要的一部分。努力實踐夢想時,只要有目標,我們就能動力滿滿,一心一意前進。

如果你還不知道自己的夢想是什麼,沒關係!畢竟你還有很多時間,可以慢慢嘗試和發掘自己喜歡的事物。不斷嘗試新事物很重要,嘗試是一件很勇敢的事,每次嘗試自己沒做過的事時,你都應該對自己感到驕傲。

找到了自己的夢想之後,就利用我前文分享的 6 個步驟,達成目標吧!

1. 設定專屬自己的目標和時間
2. 運用想像力,觀想成功畫面
3. 拆解計畫,採取行動
4. 相信自己一定做得到
5. 保持正向,從嘗試中成長
6. 參考勵志故事,帶來更多啟發

―――― 結語 ――――

開始顯化，
讓好事值得發生

　　我就知道你做得到！如果你讀到這裡，就代表你已經閱讀完這本書，實在太棒了！你應該對自己感到超級驕傲，我也以你為榮，謝謝你和我踏上這段顯化的旅程。我希望你活出最精采的人生，**因為你是如此特別，獨一無二的美好，你值得過著快樂的人生！**

　　人生就像一塊蛋糕，想要烤出美味可口，需要幾個主要原料：麵粉、雞蛋、奶油、糖、牛奶。而**顯化最精采的人生，我們也只需要幾個主要原料：情緒工具箱、內在信念、感恩的心、正向思考、目標設定。**

　　我已經在這本書中，把所有必備原料交給你了，讓你可以開始顯化，成為最棒的自己。

把這本書收在安全的地方,每當你的進展不順遂,或是想要更強大的支持,都可以重新翻開書、做做練習,推動你繼續下去。

現在,換你開始實踐 8 週顯化日記了,也就是每天寫日記⋯⋯一起來寫吧!

附錄

「親子共學」，
從小駕馭顯化的力量

哈囉，各位大朋友，首先，太感謝你們為孩子挑選這本書！無論是在家閱讀，還是在課堂上拿來當作教材使用，我都想向你們說明這本書的創作初衷，以及我希望達成的目標，並且和各位分享我個人認為最適合輔助孩子的方法。

顯化徹頭徹尾的改變了我的人生。我最初是在2018年認識到顯化，當時我的人生和現在南轅北轍。我處於人生低谷，找不到自我價值，對未來也不抱持任何期望或設想。後來我完全沉浸學習顯化，最後規劃出7個顯化心法，我自己跟著這幾個心法進行之後，發現人生各方面都漸有起色，並且找到幾十年來都不曾有過的幸福、自信、自愛。

附錄
「親子共學」,從小駕馭顯化的力量

顯化是一種人人都應該實踐的自我成長,目的不是顯化生命中的「事物」,不過有的話,當然也很加分。但顯化的真實用意是活出最好的自己,成為一個充滿力量、擁有自我信念的人,相信自己做得到。我們會因此敢於夢想,即使面臨挑戰或難關,依舊能堅持下去。我們會為了活出美滿、充實、快樂的人生而採取行動。

能夠把這麼優秀的顯化能力傳授給許多成人,是我三生有幸,現在我也期待能和孩子分享顯化。年少時期對於日後的人生發展非常重要,而我以過來人的經歷,也知道這個人生階段真的很辛苦。我想要盡自己所能去幫助孩子,讓他們**發揮潛能、培養韌性,讓他們知道自己的價值,並且為自己感到驕傲**。

我為零基礎、初學者和孩子打造的顯化入門4心法,可以建立美好人生必備的穩定根基。我希望這本書的每位讀者都能運用書中的工具,把每一天過得更好,在成長路上,孩子也能應付現代社會上遭遇的各種日常困境。但為了讓他們體會這本書的好處,我也需要你的幫忙!

在孩子的成長路上,生命中的大人具有影響力,同時扮演極為重要的角色。我們都有滿足孩子基本需求的義務,包括讓他們感受到**安全感、被愛、聆聽、重視、肯定**。除了滿足以上需求,陪伴孩子學習這本書中的工具,我們還能大幅增加他們的自我肯定感和整體的幸福感。

接下來,我會說明為何我認為這些顯化入門心法對於孩子很重要,並且提出幾項實用建議,幫助你們在孩子學習各個心法時從旁輔導。

覺察 6 大情緒,駕馭吸引力法則

所有情緒都是一種能量,舉足輕重,要是不被理解或處理得當,情緒就會悶在心裡。而如果沒有正確排解悲傷、憤怒、內疚的管道,它們就會積壓在內心,最後轉變成其他模樣,展現在人生各個層面上,**無法排解的情緒可能會變成焦慮、自我價值低迷、憂鬱等。**

學會安全的抒發、理解、處理情緒是一大關鍵。

大多數的孩子沒有實現情緒管理的工具,實際上,很多大人也是!小時候,我們學到的多半是迴避、隱藏、批判自己的「負面」情緒,長大後也很習以為常的迴避情緒。我打造的情緒工具箱能幫助讀者肯定自我的情緒(說出口,也可以對他人傾訴),並且找到方法處理和釋放情緒,才不會日積月累,最後崩潰。

提供安全感,鼓勵小孩表達情緒

我鼓勵孩子敞開心胸,說出自己的感受,但還有一件很重要的事,那就是身為大人的你,得先為他們**提供安全的避風港,鼓勵孩子表達情緒。**

安全感是孩子在成長發展中不可或缺的一環,且不只是指人身安全,也包含所謂的情緒安全,就是孩子能在不受責備、責罵、批判的情況下,毫不保留的表達情緒。舉個例子,與其因為孩子哭鬧懲罰他們,或是因為他們發脾氣,就對他們大吼大叫,不如保留一個空間,讓他們自由表達自我,同時鼓勵並協助他們使用我推薦的工具。記住,沒有所謂「不應該有」的情緒。

> **試試這招**
>
> 每天預留一個時段,讓孩子上前找你談話,暢所欲言自己的感受和想法。靜靜聆聽,不要批評,這個簡單的做法可以為他們敞開一個安全開放的空間,讓他們更願意主動來找你。

自信和內在信念,為顯化扎根

以下就是顯化最不可告人的祕密:**我們會顯化潛意識中相信的自我價值**。要是不相信自己,我們就不能顯化最精采奪目的人生,也不可能成為最棒的自己。內在信念與自我價值需要長時間累積,我們越早開始學習愛自己、欣賞自己,心智就越強大。自八歲起,我們就開始有社會壓力:我們可能漸漸感受到自己與同儕格格不入,或是開始看見自己與他人的不同,而以為自己不夠好。所以在這個階段,引導孩子培養自我肯定感是不可或缺的一環:讓他們明白自己的不同,其實是很值得驕

傲的。

這本書的終極目標,就是輔導孩子看見自己的獨特,找到善待自己的方式,學習一生受用的工具,讓他們相信自己配得上富足、愛與喜悅的人生。我每天都使用我在本書中傳授的工具,說不定你可以讓孩子回過頭來傳授給你!

做小孩的榜樣,善待自己

你能夠做的就是鼓勵他們。鼓勵孩子讚揚自己的獨特,思考每天讓他們覺得驕傲的事,無論多小的事都好。鼓勵他們說出自我肯定的話語,尤其是碰到自我懷疑的時刻。鼓勵他們在遇到困難或瓶頸時堅持到底,對自己美言兩句。

另外要記得一件事:我們是孩子學習的榜樣。**你怎麼對待自己,對他們來說很重要。**善待自己,對自己說話、談及自己時用自愛的態度,也要為了個人的身心健康努力!**如果你給予自己足夠的愛、善意、尊重,那麼你生命中的孩子也會跟進仿效。**

我認為還有一件事也很重要,那就是千萬注意,不要無形中將孩子形塑成我們想要的模樣,而是讓他們順其自然成長,展現他們真實的樣貌。

抱持感恩心態,讓你越活越豐盛

眾多科學研究顯示,抱持感恩的心會對我們的身心健康造成正面影響。如果我們鼓勵孩子時常練習感謝,培養出感恩的心,他們就能變得更快樂,心理健康也跟著改善,甚至能強化免疫系統!

留意自己所說的話,多表達謝意

我認為你最應該做的,就是當一個感恩的楷模,在孩子身邊時,留意自己所說的話。你時常抱怨東抱怨西,還是顯露壓力和憤怒的情緒嗎?如果是,是否可以試著多多表達感恩和欣賞?這麼做不只是為了孩子好,你自己的心情也會變好。此外,盡可能對他們做的每件小事說「謝謝」,就像我鼓勵他們的,面對他人也要時

常把謝謝掛在嘴邊。

> **試試這招**
>
> 　　如果聽到孩子抱怨或發牢騷，事後可以溫柔的鼓勵他們，用積極樂觀的態度看待事情，想一想可以說哪些好話。例如，他們說「我討厭這個地方」，你可以說：「我知道你現在情緒不好，但是你能不能想出正面一點的話語，說說這個地方？」如果他們想不到，你可以分享個人的意見。這樣一來，你就不是忽視他們的感受，而是幫他們在不同情境中，以正面的角度看待事物。

快速實現目標的 6 步驟

　　顯化的一大好處，就是幫助我們設定和達成目標，為自己的人生招來富足圓滿，美夢成真。我想要帶領孩子認識這種概念，幫助他們培養積極進取的心態，發現

自己擁有無限的潛能。

鼓勵小孩多多相信自己

若想在這一步協助孩子,你能做的就是鼓勵他們多多相信自己,就算面臨難關,也不要輕易退縮。你可以分享幾個自己堅忍挺過難關的例子,或是分享其他人實現遠大目標的勵志故事。提醒孩子,他們也能實現遠大目標。

如果你還沒讀過我寫的《駕馭顯化的力量》套書:《快速顯化你想要的人生》、《加速理想成真的顯化練習》,現在是你的大好時機,解鎖最好的自我,同時也成為孩子的楷模!

我們都希望身邊的孩子快樂成長。一想到兒子可能和我小時候一樣,經歷同樣令人無力的自我厭惡,我就心痛不已。事實上,一想到任何孩子可能在成長路上產生這種感受,我就很難過。年少時期很難熬,尤其是現在社群媒體和網路當道,因此引導孩子掌握幾項實用利

器，幫助他們培養出自信、韌性，並且更清楚自己的情緒反應，在這個年代比起以往變得更加重要。

我打從心底感謝你，謝謝你支持我的使命！

> 若我們能帶領孩子學會顯化，
> 讓他們成為最好的自己，
> **那我們就有力量，去推動改變整個世代。**

第一次顯化就成真【1書+8週顯化日記套組】
零基礎入門4心法，學會讓好事發生的祕訣

Manifest for Kids: Four Steps to Being the Best You

作　　　者	蘿希・納福斯（Roxie Nafousi）
譯　　　者	張家綺
封 面 設 計	Dinner Illustration
內 文 排 版	黃雅芬
特 約 編 輯	蔡川惠
出版二部總編輯	林俊安

出　　版　　者	采實文化事業股份有限公司
業 務 發 行	張世明・林踏欣・林坤蓉・王貞玉
國 際 版 權	劉靜茹
印 務 採 購	曾玉霞・莊玉鳳
會 計 行 政	李韶婉・許俽瑪・張婕莛
法 律 顧 問	第一國際法律事務所 余淑杏律師
電 子 信 箱	acme@acmebook.com.tw
采 實 官 網	www.acmebook.com.tw
采 實 臉 書	www.facebook.com/acmebook01

I　S　B　N	978-626-349-952-2
定　　　　價	500 元
初 版 一 刷	2025 年 4 月
劃 撥 帳 號	50148859
劃 撥 戶 名	采實文化事業股份有限公司
	104 台北市中山區南京東路二段 95 號 9 樓
	電話：(02)2511-9798　傳真：(02)2571-3298

國家圖書館出版品預行編目資料

第一次顯化就成真【1書+8週顯化日記套組】：零基礎入門4心法，
學會讓好事發生的祕訣 / 蘿希・納福斯（Roxie Nafousi）著；張家綺譯.
-- 初版 . – 台北市：采實文化, 2025.04
168 面；14.8×21 公分 . --（心視野系列；149）
譯自：Manifest for Kids: Four Steps to Being the Best You
ISBN 978-626-349-952-2(平裝)

1.CST: 自我實現 2.CST: 成功法 3.CST: 青少年

177.2　　　　　　　　　　　　　　　　　　　　　　　114002508

Manifest for Kids: Four Steps to Being the Best You
Copyright © Roxie Nafousi, 2023
First published as Manifest for Kids in 2023 by Puffin an imprint of Penguin Random House Children's. Penguin Random House Children's is part of the Penguin Random House group of companies.
Traditional Chinese edition copyright ©2025 by ACME Publishing Co., Ltd.
This edition is published by arrangement with Matisse Blue c/o Danny Hong Agency through Bardon-Chinese Media Agency.
All rights reserved.

版權所有，未經同意不得
重製、轉載、翻印

開始你的顯化之旅

看到你要開始寫日記,我真的很期待。就我個人的顯化旅程來說,寫日記真的幫了我很大的忙,**而我知道這對你也有幫助。**

接下來 8 週,你可以每晚睡前都寫日記,每天只需要幾分鐘,就能實際應用《第一次顯化就成真》傳授的入門心法。就算你某天忘了寫也別擔心,盡你所能完成你可以的天數就好。

下一頁是範例,示範顯化日記要怎麼寫,接著你就能開始寫日記了。

你今天感受到哪些情緒？

擔憂

快樂

驕傲

今天發生了哪些好事？

今天是學校運動會，運動會結束後，我們到冰淇淋車買冰吃。

你今天做了什麼讓你感到驕傲的事？

今天是運動會，即使我很擔心會在大家面前做不好，還是全力以赴參加賽跑，後來得到第三名！

你有使用哪項情緒工具箱的工具嗎？如果有，是哪種工具？怎麼幫到你？

我利用「切換頻道」讓我不再擔心。

明天有什麼值得期待的事嗎？

明天是週末，我們要去看電影。

對自己重複說五遍以下肯定句。

大家就是喜歡這樣的我。

_____的顯化日記

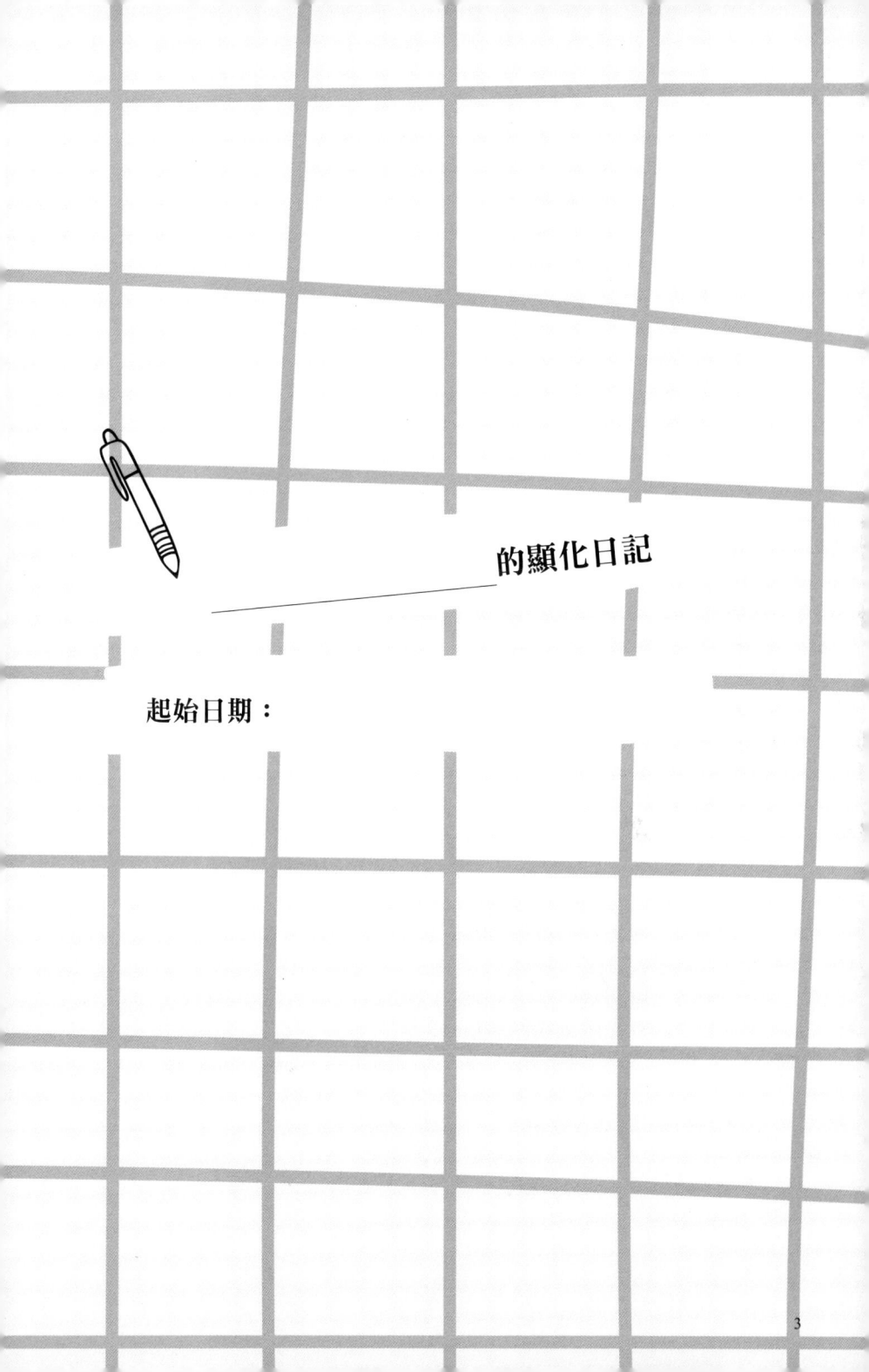

起始日期：

星期一

你今天感受到哪些情緒？

今天發生了哪些好事？

你今天做了什麼讓你感到驕傲的事？

第1週

你有使用哪項情緒工具箱的工具嗎？如果有，是哪種工具？怎麼幫到你？

明天有什麼值得期待的事嗎？

對自己重複說五遍以下肯定句。

大家就是喜歡這樣的我。

星期二

你今天感受到哪些情緒？

今天發生了哪些好事？

你今天做了什麼讓你感到驕傲的事？

第 1 週

你有使用哪項情緒工具箱的工具嗎？如果有，是哪種工具？怎麼幫到你？

明天有什麼值得期待的事嗎？

對自己重複說五遍以下肯定句。

我很堅強。

星期三

你今天感受到哪些情緒？

今天發生了哪些好事？

你今天做了什麼讓你感到驕傲的事？

第 1 週

你有使用哪項情緒工具箱的工具嗎?如果有,是哪種工具?怎麼幫到你?

明天有什麼值得期待的事嗎?

對自己重複說五遍以下肯定句。

我相信我自己。

星期四

你今天感受到哪些情緒?

今天發生了哪些好事?

你今天做了什麼讓你感到驕傲的事?

第 1 週

你有使用哪項情緒工具箱的工具嗎?如果有,是哪種工具?怎麼幫到你?

明天有什麼值得期待的事嗎?

對自己重複說五遍以下肯定句。

我可以成為任何我想要成為的人。

星期五

你今天感受到哪些情緒？

今天發生了哪些好事？

你今天做了什麼讓你感到驕傲的事？

第 1 週

你有使用哪項情緒工具箱的工具嗎?如果有,是哪種工具?怎麼幫到你?

明天有什麼值得期待的事嗎?

對自己重複說五遍以下肯定句。

我為自己感到驕傲。

星期六

你今天感受到哪些情緒？

今天發生了哪些好事？

你今天做了什麼讓你感到驕傲的事？

第1週

你有使用哪項情緒工具箱的工具嗎？如果有，是哪種工具？怎麼幫到你？

明天有什麼值得期待的事嗎？

對自己重複說五遍以下肯定句。

我值得快樂。

星期日

你今天感受到哪些情緒？

今天發生了哪些好事？

你今天做了什麼讓你感到驕傲的事？

第 1 週

你有使用哪項情緒工具箱的工具嗎？如果有，是哪種工具？怎麼幫到你？

明天有什麼值得期待的事嗎？

對自己重複說五遍以下肯定句。

我一天比一天進步。

星期一

你今天感受到哪些情緒？

今天發生了哪些好事？

你今天做了什麼讓你感到驕傲的事？

第 2 週

你有使用哪項情緒工具箱的工具嗎?如果有,是哪種工具?怎麼幫到你?

明天有什麼值得期待的事嗎?

對自己重複說五遍以下肯定句。

只要我盡心盡力,沒有辦不到的事。

星期二

你今天感受到哪些情緒？

今天發生了哪些好事？

你今天做了什麼讓你感到驕傲的事？

第2週

你有使用哪項情緒工具箱的工具嗎?如果有,是哪種工具?怎麼幫到你?

明天有什麼值得期待的事嗎?

對自己重複說五遍以下肯定句。

我能夠克服所有難關。

星期三

你今天感受到哪些情緒？

今天發生了哪些好事？

你今天做了什麼讓你感到驕傲的事？

第 2 週

你有使用哪項情緒工具箱的工具嗎？如果有，是哪種工具？怎麼幫到你？

明天有什麼值得期待的事嗎？

對自己重複說五遍以下肯定句。

我對未來充滿期待。

星期四

你今天感受到哪些情緒？

今天發生了哪些好事？

你今天做了什麼讓你感到驕傲的事？

第 2 週

你有使用哪項情緒工具箱的工具嗎?如果有,是哪種工具?怎麼幫到你?

明天有什麼值得期待的事嗎?

對自己重複說五遍以下肯定句。

我已經夠好。

星期五

你今天感受到哪些情緒？

今天發生了哪些好事？

你今天做了什麼讓你感到驕傲的事？

第 2 週

你有使用哪項情緒工具箱的工具嗎?如果有,是哪種工具?怎麼幫到你?

明天有什麼值得期待的事嗎?

對自己重複說五遍以下肯定句。

我相信我自己。

星期六

你今天感受到哪些情緒？

今天發生了哪些好事？

你今天做了什麼讓你感到驕傲的事？

第 2 週

你有使用哪項情緒工具箱的工具嗎？如果有，是哪種工具？怎麼幫到你？

明天有什麼值得期待的事嗎？

對自己重複說五遍以下肯定句。

我很勇敢，勇氣十足。

星期日

你今天感受到哪些情緒？

今天發生了哪些好事？

你今天做了什麼讓你感到驕傲的事？

第 2 週

你有使用哪項情緒工具箱的工具嗎？如果有，是哪種工具？怎麼幫到你？

明天有什麼值得期待的事嗎？

對自己重複說五遍以下肯定句。

我很特別，我是獨一無二的。

星期一

你今天感受到哪些情緒？

今天發生了哪些好事？

你今天做了什麼讓你感到驕傲的事？

第 3 週

你有使用哪項情緒工具箱的工具嗎?如果有,是哪種工具?怎麼幫到你?

明天有什麼值得期待的事嗎?

對自己重複說五遍以下肯定句。

今天會是很棒的一天。

星期二

你今天感受到哪些情緒？

今天發生了哪些好事？

你今天做了什麼讓你感到驕傲的事？

第 3 週

你有使用哪項情緒工具箱的工具嗎？如果有，是哪種工具？怎麼幫到你？

明天有什麼值得期待的事嗎？

對自己重複說五遍以下肯定句。

我總是不斷學習與成長。

星期三

你今天感受到哪些情緒？

今天發生了哪些好事？

你今天做了什麼讓你感到驕傲的事？

第3週

你有使用哪項情緒工具箱的工具嗎?如果有,是哪種工具?怎麼幫到你?

明天有什麼值得期待的事嗎?

對自己重複說五遍以下肯定句。

無論是哪種障礙,我都能跨越。

星期四

你今天感受到哪些情緒？

今天發生了哪些好事？

你今天做了什麼讓你感到驕傲的事？

第 3 週

你有使用哪項情緒工具箱的工具嗎？如果有，是哪種工具？怎麼幫到你？

明天有什麼值得期待的事嗎？

對自己重複說五遍以下肯定句。

對我身邊的人來說，我很重要。

星期五

你今天感受到哪些情緒？

今天發生了哪些好事？

你今天做了什麼讓你感到驕傲的事？

第3週

你有使用哪項情緒工具箱的工具嗎?如果有,是哪種工具?怎麼幫到你?

明天有什麼值得期待的事嗎?

對自己重複說五遍以下肯定句。

我是一個好人。

星期六

你今天感受到哪些情緒？

今天發生了哪些好事？

你今天做了什麼讓你感到驕傲的事？

第 3 週

你有使用哪項情緒工具箱的工具嗎?如果有,是哪種工具?怎麼幫到你?

明天有什麼值得期待的事嗎?

對自己重複說五遍以下肯定句。

我可以,也會做到。

星期日

你今天感受到哪些情緒？

今天發生了哪些好事？

你今天做了什麼讓你感到驕傲的事？

第 3 週

你有使用哪項情緒工具箱的工具嗎？如果有，是哪種工具？怎麼幫到你？

明天有什麼值得期待的事嗎？

對自己重複說五遍以下肯定句。

盡全力就夠了。

星期一

你今天感受到哪些情緒？

今天發生了哪些好事？

你今天做了什麼讓你感到驕傲的事？

第4週

你有使用哪項情緒工具箱的工具嗎?如果有,是哪種工具?怎麼幫到你?

明天有什麼值得期待的事嗎?

對自己重複說五遍以下肯定句。

我值得被愛和幸福。

星期二

你今天感受到哪些情緒？

今天發生了哪些好事？

你今天做了什麼讓你感到驕傲的事？

第4週

你有使用哪項情緒工具箱的工具嗎?如果有,是哪種工具?怎麼幫到你?

明天有什麼值得期待的事嗎?

對自己重複說五遍以下肯定句。

對這個世界來說,我是很重要的存在。

星期三

你今天感受到哪些情緒?

今天發生了哪些好事?

你今天做了什麼讓你感到驕傲的事?

第4週

你有使用哪項情緒工具箱的工具嗎?如果有,是哪種工具?怎麼幫到你?

明天有什麼值得期待的事嗎?

對自己重複說五遍以下肯定句。

挑戰有助於我的成長。

星期四

你今天感受到哪些情緒？

今天發生了哪些好事？

你今天做了什麼讓你感到驕傲的事？

第4週

你有使用哪項情緒工具箱的工具嗎?如果有,是哪種工具?怎麼幫到你?

明天有什麼值得期待的事嗎?

對自己重複說五遍以下肯定句。

我超級棒。

星期五

你今天感受到哪些情緒？

今天發生了哪些好事？

你今天做了什麼讓你感到驕傲的事？

第4週

你有使用哪項情緒工具箱的工具嗎?如果有,是哪種工具?怎麼幫到你?

明天有什麼值得期待的事嗎?

對自己重複說五遍以下肯定句。

大家就是喜歡這樣的我。

星期六

你今天感受到哪些情緒?

今天發生了哪些好事?

你今天做了什麼讓你感到驕傲的事?

第4週

你有使用哪項情緒工具箱的工具嗎?如果有,是哪種工具?怎麼幫到你?

明天有什麼值得期待的事嗎?

對自己重複說五遍以下肯定句。

我很堅強。

星期日

你今天感受到哪些情緒？

今天發生了哪些好事？

你今天做了什麼讓你感到驕傲的事？

第4週

你有使用哪項情緒工具箱的工具嗎？如果有，是哪種工具？怎麼幫到你？

明天有什麼值得期待的事嗎？

對自己重複說五遍以下肯定句。

我相信我自己。

星期一

你今天感受到哪些情緒？

今天發生了哪些好事？

你今天做了什麼讓你感到驕傲的事？

第 5 週

你有使用哪項情緒工具箱的工具嗎?如果有,是哪種工具?怎麼幫到你?

明天有什麼值得期待的事嗎?

對自己重複說五遍以下肯定句。

我可以成為任何我想要成為的人。

星期二

你今天感受到哪些情緒?

今天發生了哪些好事?

你今天做了什麼讓你感到驕傲的事?

第5週

你有使用哪項情緒工具箱的工具嗎?如果有,是哪種工具?怎麼幫到你?

明天有什麼值得期待的事嗎?

對自己重複說五遍以下肯定句。

我為自己感到驕傲。

星期三

你今天感受到哪些情緒?

今天發生了哪些好事?

你今天做了什麼讓你感到驕傲的事?

第5週

你有使用哪項情緒工具箱的工具嗎?如果有,是哪種工具?怎麼幫到你?

明天有什麼值得期待的事嗎?

對自己重複說五遍以下肯定句。

我值得快樂。

星期四

你今天感受到哪些情緒？

今天發生了哪些好事？

你今天做了什麼讓你感到驕傲的事？

第 5 週

你有使用哪項情緒工具箱的工具嗎?如果有,是哪種工具?怎麼幫到你?

明天有什麼值得期待的事嗎?

對自己重複說五遍以下肯定句。

我一天比一天進步。

星期五

你今天感受到哪些情緒？

今天發生了哪些好事？

你今天做了什麼讓你感到驕傲的事？

第 5 週

你有使用哪項情緒工具箱的工具嗎?如果有,是哪種工具?怎麼幫到你?

明天有什麼值得期待的事嗎?

對自己重複說五遍以下肯定句。

只要我盡心盡力,沒有辦不到的事。

星期六

你今天感受到哪些情緒？

今天發生了哪些好事？

你今天做了什麼讓你感到驕傲的事？

第5週

你有使用哪項情緒工具箱的工具嗎?如果有,是哪種工具?怎麼幫到你?

明天有什麼值得期待的事嗎?

對自己重複說五遍以下肯定句。

我能夠克服所有難關。

星期日

你今天感受到哪些情緒？

今天發生了哪些好事？

你今天做了什麼讓你感到驕傲的事？

第5週

你有使用哪項情緒工具箱的工具嗎?如果有,是哪種工具?怎麼幫到你?

明天有什麼值得期待的事嗎?

對自己重複說五遍以下肯定句。

我對未來充滿期待。

星期一

你今天感受到哪些情緒？

今天發生了哪些好事？

你今天做了什麼讓你感到驕傲的事？

第6週

你有使用哪項情緒工具箱的工具嗎?如果有,是哪種工具?怎麼幫到你?

明天有什麼值得期待的事嗎?

對自己重複說五遍以下肯定句。

我已經夠好。

星期二

你今天感受到哪些情緒?

今天發生了哪些好事?

你今天做了什麼讓你感到驕傲的事?

第 6 週

你有使用哪項情緒工具箱的工具嗎?如果有,是哪種工具?怎麼幫到你?

明天有什麼值得期待的事嗎?

對自己重複說五遍以下肯定句。

我相信我自己。

星期三

你今天感受到哪些情緒？

今天發生了哪些好事？

你今天做了什麼讓你感到驕傲的事？

第 6 週

你有使用哪項情緒工具箱的工具嗎？如果有，是哪種工具？怎麼幫到你？

明天有什麼值得期待的事嗎？

對自己重複說五遍以下肯定句。

我很勇敢，勇氣十足。

星期四

你今天感受到哪些情緒?

今天發生了哪些好事?

你今天做了什麼讓你感到驕傲的事?

第 6 週

你有使用哪項情緒工具箱的工具嗎？如果有，是哪種工具？怎麼幫到你？

明天有什麼值得期待的事嗎？

對自己重複說五遍以下肯定句。

我很特別，我是獨一無二的。

星期五

你今天感受到哪些情緒？

今天發生了哪些好事？

你今天做了什麼讓你感到驕傲的事？

第 6 週

你有使用哪項情緒工具箱的工具嗎?如果有,是哪種工具?怎麼幫到你?

明天有什麼值得期待的事嗎?

對自己重複說五遍以下肯定句。

今天會是很棒的一天。

星期六

你今天感受到哪些情緒？

今天發生了哪些好事？

你今天做了什麼讓你感到驕傲的事？

第6週

你有使用哪項情緒工具箱的工具嗎？如果有，是哪種工具？怎麼幫到你？

明天有什麼值得期待的事嗎？

對自己重複說五遍以下肯定句。

我總是不斷學習與成長。

星期日

你今天感受到哪些情緒？

今天發生了哪些好事？

你今天做了什麼讓你感到驕傲的事？

第 6 週

你有使用哪項情緒工具箱的工具嗎？如果有，是哪種工具？怎麼幫到你？

明天有什麼值得期待的事嗎？

對自己重複說五遍以下肯定句。

無論是哪種障礙，我都能跨越。

星期一

你今天感受到哪些情緒?

今天發生了哪些好事?

你今天做了什麼讓你感到驕傲的事?

第 7 週

你有使用哪項情緒工具箱的工具嗎?如果有,是哪種工具?怎麼幫到你?

明天有什麼值得期待的事嗎?

對自己重複說五遍以下肯定句。

對我身邊的人來說,我很重要。

星期二

你今天感受到哪些情緒？

今天發生了哪些好事？

你今天做了什麼讓你感到驕傲的事？

第 7 週

你有使用哪項情緒工具箱的工具嗎?如果有,是哪種工具?怎麼幫到你?

明天有什麼值得期待的事嗎?

對自己重複說五遍以下肯定句。

我是一個好人。

星期三

你今天感受到哪些情緒？

今天發生了哪些好事？

你今天做了什麼讓你感到驕傲的事？

第 7 週

你有使用哪項情緒工具箱的工具嗎?如果有,是哪種工具?怎麼幫到你?

明天有什麼值得期待的事嗎?

對自己重複說五遍以下肯定句。

我可以,也會做到。

星期四

你今天感受到哪些情緒？

今天發生了哪些好事？

你今天做了什麼讓你感到驕傲的事？

第 7 週

你有使用哪項情緒工具箱的工具嗎?如果有,是哪種工具?怎麼幫到你?

明天有什麼值得期待的事嗎?

對自己重複說五遍以下肯定句。

盡全力就夠了。

星期五

你今天感受到哪些情緒？

今天發生了哪些好事？

你今天做了什麼讓你感到驕傲的事？

第7週

你有使用哪項情緒工具箱的工具嗎?如果有,是哪種工具?怎麼幫到你?

明天有什麼值得期待的事嗎?

對自己重複說五遍以下肯定句。

我值得被愛和幸福。

星期六

你今天感受到哪些情緒？

今天發生了哪些好事？

你今天做了什麼讓你感到驕傲的事？

第 7 週

你有使用哪項情緒工具箱的工具嗎?如果有,是哪種工具?怎麼幫到你?

明天有什麼值得期待的事嗎?

對自己重複說五遍以下肯定句。

對這個世界來說,我是很重要的存在。

星期日

你今天感受到哪些情緒？

今天發生了哪些好事？

你今天做了什麼讓你感到驕傲的事？

第 7 週

你有使用哪項情緒工具箱的工具嗎？如果有，是哪種工具？怎麼幫到你？

明天有什麼值得期待的事嗎？

對自己重複說五遍以下肯定句。

挑戰有助於我的成長。

星期一

你今天感受到哪些情緒？

今天發生了哪些好事？

你今天做了什麼讓你感到驕傲的事？

第 8 週

你有使用哪項情緒工具箱的工具嗎?如果有,是哪種工具?怎麼幫到你?

明天有什麼值得期待的事嗎?

對自己重複說五遍以下肯定句。

我超級棒。

星期二

你今天感受到哪些情緒？

今天發生了哪些好事？

你今天做了什麼讓你感到驕傲的事？

第 8 週

你有使用哪項情緒工具箱的工具嗎？如果有，是哪種工具？怎麼幫到你？

明天有什麼值得期待的事嗎？

對自己重複說五遍以下肯定句。

我總是不斷學習與成長。

星期三

你今天感受到哪些情緒？

今天發生了哪些好事？

你今天做了什麼讓你感到驕傲的事？

第 8 週

你有使用哪項情緒工具箱的工具嗎?如果有,是哪種工具?怎麼幫到你?

明天有什麼值得期待的事嗎?

對自己重複說五遍以下肯定句。

我值得快樂。

星期四

你今天感受到哪些情緒？

今天發生了哪些好事？

你今天做了什麼讓你感到驕傲的事？

第8週

你有使用哪項情緒工具箱的工具嗎？如果有，是哪種工具？怎麼幫到你？

明天有什麼值得期待的事嗎？

對自己重複說五遍以下肯定句。

我很勇敢，勇氣十足。

星期五

你今天感受到哪些情緒？

今天發生了哪些好事？

你今天做了什麼讓你感到驕傲的事？

第 8 週

你有使用哪項情緒工具箱的工具嗎？如果有，是哪種工具？怎麼幫到你？

明天有什麼值得期待的事嗎？

對自己重複說五遍以下肯定句。

對我身邊的人來說，我很重要。

星期六

你今天感受到哪些情緒？

今天發生了哪些好事？

你今天做了什麼讓你感到驕傲的事？

第8週

你有使用哪項情緒工具箱的工具嗎?如果有,是哪種工具?怎麼幫到你?

明天有什麼值得期待的事嗎?

對自己重複說五遍以下肯定句。

今天會是很棒的一天。

星期日

你今天感受到哪些情緒？

今天發生了哪些好事？

你今天做了什麼讓你感到驕傲的事？

第 8 週

你有使用哪項情緒工具箱的工具嗎?如果有,是哪種工具?怎麼幫到你?

明天有什麼值得期待的事嗎?

對自己重複說五遍以下肯定句。

大家就是喜歡這樣的我。